# Mit Ärger konstruktiv umgehen

**Ratgeber zur Reihe Fortschritte der Psychotherapie**
**Band 34**

Mit Ärger konstruktiv umgehen

von Prof. Dr. Georges Steffgen,
Dipl.-Psych. Claudia de Boer und Prof. Dr. Claus Vögele

Herausgeber der Reihe:

Prof. Dr. Kurt Hahlweg, Prof. Dr. Martin Hautzinger,
Prof. Dr. Jürgen Margraf, Prof. Dr. Winfried Rief

Begründer der Reihe:

Dietmar Schulte, Klaus Grawe, Kurt Hahlweg, Dieter Vaitl

Georges Steffgen
Claudia de Boer
Claus Vögele

# Mit Ärger konstruktiv umgehen

Ein Ratgeber für Betroffene und Angehörige

hogrefe

**Prof. Dr. rer. nat. Georges Steffgen**, geb. 1961. Seit 2002 Professor für Sozial- und Arbeitspsychologie an der Universität Luxemburg.

**Dipl.-Psych. Claudia de Boer**, geb. 1962. Seit 1997 Psychotherapeutin in eigener Praxis in Luxemburg.

**Prof. Dr. phil. Claus Vögele**, geb. 1958. Seit 2010 Professor für Klinische Psychologie und Gesundheitspsychologie an der Universität Luxemburg.



**Bibliografische Information der Deutschen Nationalbibliothek**

Die Deutsche Nationalbibliothek verzeichnet diese Publikation in der Deutschen Nationalbibliografie; detaillierte bibliografische Daten sind im Internet über http://dnb.dnb.de abrufbar.



Hogrefe Verlag GmbH & Co. KG
Merkelstraße 3
37085 Göttingen
Deutschland
Tel.: +49 551 999 50 0
Fax: +49 551 999 50 111
E-Mail: verlag@hogrefe.de
Internet: www.hogrefe.de

Umschlagabbildung: lightwavemedia © Fotolia.com
Satz: ARThür Grafik-Design & Kunst, Weimar
Druck: Media-Print Informationstechnologie, Paderborn
Printed in Germany
Auf säurefreiem Papier gedruckt

1. Auflage 2016

(E-Book-ISBN [PDF] 978-3-8409-2653-2; E-Book-ISBN [EPUB] 978-3-8444-2653-3)
ISBN 978-3-8017-2653-9
http://doi.org/10.1026/02653-000

# Inhalt

# Einleitung

Kennen Sie diese oder ähnliche emotionale Reaktionen von sich oder von anderen?

**Beispiel:**

Herrn H. platzt immer wieder der Kragen. Sowohl in seinem beruflichen als auch im privaten Bereich bleiben seine Mitmenschen nicht von seinen Ärgerausbrüchen verschont. Immer dann, wenn Dinge sich nicht nach seinen Vorstellungen entwickeln, oder er sich in seinen Handlungen oder Zielen behindert fühlt, merkt er, wie der Ärger mehr und mehr in ihm hochkommt bis er diesen nicht mehr kontrollieren kann und einen Wutausbruch erlebt. Mitmenschen haben sich von ihm schon abgewendet, so dass er sich zunehmend isoliert fühlt. Er erlebt immer häufiger Phasen der Mutlosigkeit und Depression.

**Beispiel:**

Frau S. ärgert sich immer wieder über andere und weiß dann nicht, wie sie reagieren soll. Um Konflikten mit anderen aus dem Weg zu gehen, schluckt sie den Ärger dann meistens runter. Aber der Ärger wird dadurch nicht weniger, vielmehr rumort er in ihr weiter und sie wird ihn nicht los. Ihr „Dauerärger" führt zu hoher „Daueranspannung" und zu Kopfschmerzen. Sie hat dadurch einen hohen Konsum von Schmerzmitteln, was sie sehr stört. Zudem belastet es sie, dass sie manchmal dann doch ihrem Ärger „Luft" macht und das dann leider oft in unpassenden Situationen und gegenüber Personen in ihrer Umgebung, die mit dem eigentlichen Ärgernis nichts zu tun haben. Im Nachhinein fühlt sie sich schlecht und macht sich Vorwürfe.

Menschen erleben fast täglich das Gefühl von Ärger. Meist sind es die kleinen Hindernisse oder Ärgernisse, die den Ärger scheinbar hervorrufen. Verschiedene Situationen können dabei den Ärger mit auslösen, der dann in unterschiedlicher Stärke und Dauer erlebt wird.

Menschen versuchen dann mit dem erlebten Ärger auf unterschiedliche Art und Weise umzugehen. Typische Ärgerreaktionen zeigen sich darin, dass jemand seinen Ärger lautstark gegen andere richtet, z. B. wie Herr H. laut schimpft oder herum schreit, oder aber, dass eine Person den Ärger unterdrückt, quasi „runterschluckt“, beispielsweise wie Frau S. Beide Verhaltensweisen sind Reaktionen, die jeder Mensch zeigen kann.

**Merke:**

Das Ärgergefühl an sich ist nicht das Problem! Problematisch wird es erst, wenn eine Person immer nur auf eine Art reagiert, und sie diese Reaktion auch in unpassenden Situationen immer wieder zeigt. Häufig und intensiv erlebter Ärger kann dann sowohl zu negativen sozialen, berufsbezogenen als auch zu gravierenden gesundheitlichen Konsequenzen führen.

## Wie nutze ich dieses Buch?

### Als betroffene Person

Dieser Ratgeber wendet sich an Personen, die sehr *häufig intensiven* Ärger erleben und sowohl das *Ausmaß* als auch ihre *eigene Reaktion auf* Ärgergefühle als unangenehm erleben. Wenn Sie zu diesen Personen gehören, können Sie sich hier über die Entstehung von Ärger und über Möglichkeiten einer für Sie *angemessenen* Verarbeitung von Ärgergefühlen informieren.

In diesem Buch finden Sie eine Vielzahl von Vorschlägen, wie Sie selber Einfluss auf ihren Ärger nehmen können. Zum einen, um dessen Auftreten zu verringern und zum anderen, um zu lernen, ihn sozial verträglich sowie gesundheitsförderlich auszudrücken.

Bedingt dadurch, dass Ärger individuell sehr variabel erlebt und bewältigt wird, ist es nicht sinnvoll eine standardisierte Vorgehensweise mit Ärger vorzugeben, welche jeder Betroffene verwenden sollte. Vielmehr ist nach dem Motto zu verfahren: *Viele Wege führen nach Rom,* d. h. Betroffene sollen lernen, in unterschiedlichen Situationen auch unterschiedliche, jedoch hilfreiche und sinnvolle Formen der Ärgerbewältigung zu nutzen.

Im ersten Teil des Buches wird erklärt, was Ärger eigentlich ist und wie er funktioniert. Im zweiten Teil wird dann erläutert, wann Ärger zu einem Problem wird, und im dritten Teil, was bei einem Ärgerproblem getan werden kann.

Im vierten Teil dieses Bandes werden dann konkrete Ansatzpunkte und Übungen aufgezeigt, die Betroffenen ermöglichen erste Schritte zu unternehmen, um in Zukunft konstruktiv und angemessen mit ihrem Ärger umzugehen.

Der Ratgeber bezieht sich dabei durchgängig auf den aktuellen wissenschaftlichen Kenntnisstand über Ärger und dessen Bewältigung.

## Als Angehöriger einer betroffenen Person

Angehörige von Personen mit Ärgerproblemen können diesen Ratgeber dazu nutzen, mehr über die Entstehung und den Ablauf von Ärger und Ärgerproblemen zu erfahren. Auch wenn bei der Ärgerbewältigung primär der Betroffene selber gefordert ist, so können Angehörige doch lernen, betroffene Personen, die ihnen nahestehen, zu unterstützen mit Ärger sozial konstruktiv und angemessen umzugehen. Hierzu gibt der vorliegende Ratgeber ebenfalls Hinweise.

Luxemburg, Januar 2016 *G. Steffgen, C. de Boer* und *C. Vögele*

# 1 Ärger – Was ist das eigentlich?

## 1.1 Was genau ist unter Ärger zu verstehen?

Ärger ist eine grundlegende Emotion des Menschen. Der Ärger umfasst dabei immer:

- das Gefühl an sich (Ärger),
- eine gedankliche Reaktion (Ich denke z. B.: *„Der drängelt sich absichtlich vor!“*),
- eine körperliche Reaktion (der *Blutdruck steigt*, das *Herz schlägt schneller* usw.) sowie
- einen Handlungsimpuls (z. B. der Impuls, mein Gegenüber *anzuschreien*).

Ärger unterscheidet sich dabei von anderen Emotionen hinsichtlich des *Inhalts* (siehe oben). Bei *Angst* wären die Reaktionen folgende:

- die gedankliche Reaktion (z. B. *„Der will mich verletzen.“*)
- die körperliche Reaktion (z. B. *ein Kloßgefühl im Hals*) und
- der erlebte Handlungsimpuls (z. B. *der Impuls zu fliehen*).

Im Gegensatz zu Ärger ist *Gereiztheit* eher als *eine Stimmung* anzusehen und nicht als ein Gefühl. Bei der Stimmung Gereiztheit fehlt ein eindeutiger Auslöser, und auch ein Handlungsimpuls ist nicht erkennbar.

*Aggression* hingegen ist kein Gefühl, sondern ein destruktives, schädigendes *Verhalten* gegenüber Dingen oder Personen. Aggressives Verhalten ist häufig eine *Reaktion* auf ein Ärgergefühl.

Ärger kann unterschiedliche Intensität (Stärke) aufweisen. Diese reicht von milder Irritation (niedrige Intensität) bis zu Wut und Zorn (hohe Intensität). Bei starkem Ärger tritt auch eine (sehr) hohe körperlich-psychische Erregung auf, die sich z. B. durch starken Herzschlag, Hitzewallungen, Muskelverspannungen und andere körperliche Reaktionen äußert. Diese Erregung geht vom sogenannten *vegetativen Nervensystem* aus.

Personen unterscheiden sich auch darin, wie oft sie zu Ärgerreaktionen neigen. Personen mit einer hohen Ärgerneigung:

a) erleben häufiger und intensiver Ärger,
b) erleben eine größere Anzahl an unterschiedlichen Situationen als ärgerauslösend,
c) verarbeiten den Ärger meist unangemessen, und
d) erleben häufiger negative Folgen ihres Ärgers.

## 1.2 Wie äußert sich Ärger?

Beim Erleben von Ärger lassen sich drei Phasen unterscheiden:
1. *Ärgerauslösung,*
2. *Ärgerzustand und Ärgerbewältigung* sowie
3. *Ärgerstabilisierung.*

Diese werden im Folgenden *näher dargestellt.*

### 1.2.1 Die erste Phase: Die Ärgerauslösung

Ärger kann durch sehr unterschiedliche Situationen ausgelöst werden. Insbesondere *Situationen*, in denen
- die Erreichung eines Ziels blockiert wird (z. B. habe den Bus verpasst und komme dadurch zu spät zur Arbeit),
- ein Bedürfnis nicht erfüllt wird (z. B. Kind möchte ein Eis essen, aber die Mutter kauft ihm keines),
- jemand persönlich angegriffen und/oder beleidigt wird (z. B. werde beschimpft, weil ich etwas zu spät zu einer Verabredung gekommen bin),
- jemand bei Aufgaben, die Konzentration erfordern, unterbrochen wird (z. B. man bereitet sich auf eine Prüfung vor und wird ständig durch laute Musik abgelenkt),
- jemand frustriert wird (z. B. ein Freund sagt kurzfristig den gemeinsam geplanten Urlaub ab),
- das eigene Selbstwertgefühl durch das Verhalten einer anderen Person beeinträchtigt wird (z. B. halte mich für einen guten Autofahrer, und werde von anderen bezüglich meines Fahrstils kritisiert), oder
- jemand sich provoziert fühlt (z. B. dadurch, dass man auf einen Freund warten muss).

Ob und wie stark eine Person dann auf solche Auslösesituationen mit Ärger reagiert, hängt unter anderem von *ihren biologischen Voraussetzungen* ab. So weisen Personen Unterschiede in ihrer biologisch bedingten Empfindlichkeit auf. Beispielsweise gibt es biologische Unterschiede in der Reaktionsbereitschaft des Nervensystems. Diese Unterschiede wirken sich auf die Wahrnehmung, die Intensität und den Umgang mit Ärgergefühlen aus. Sensible Personen reagieren dann schneller und stärker auf spezifische Auslöser als Personen mit einer geringeren Sensibilität.

*Lernerfahrungen* beeinflussen dann zusätzlich, wie stark Menschen zu Ärgerreaktionen neigen.

Eine *entscheidende* Rolle, ob Ärger bei jemand ausgelöst wird, spielt die persönliche Bewertung der Situation. Diese Bewertung läuft meist nicht bewusst, sondern vielmehr automatisiert ab. Ärgerreaktionen treten immer dann auf, wenn eine Person folgende *erste* Bewertungen und Einschätzungen vornimmt:

a) Das erlebte Ereignis richtet sich gegen meine eigenen Bedürfnisse/Motive, und ich sehe ein wichtiges Ziel von mir als blockiert bzw. bedroht,
b) Ich mache jemand/etwas verantwortlich für das Ereignis und
c) Ich kann jemand die Schuld zuschreiben. Dieser „Schuldige“ hat gegen meine und/oder die allgemeinen sozialen Regeln verstoßen (Beispiel: Vordrängeln in einer Schlange vor einer Kasse).

In einer *zweiten* Bewertung stellt sich eine Person die Fragen:

a) Wie kompetent kann ich in der Ärgersituation reagieren und
b) Was beabsichtige ich mit meiner Ärgerreaktion und wie nützlich ist diese in dieser Situation.

**Merke:**

Ärgerreaktionen werden durch sehr unterschiedliche Situationen ausgelöst. Ob und wie intensiv Ärger auftritt, hängt von biologischen Voraussetzungen, von Lernerfahrungen und von persönlichen Bewertungsprozessen ab.

### 1.2.2 Die zweite Phase: Der Ärgerzustand und die Ärgerbewältigung

#### Der Ärgerzustand

Wenn jemand sich ärgert, reden wir von einem Ärgerzustand. Dieser ist, wie bereits dargestellt, verbunden mit dem *Ärgergefühl, Ärgergedanken, entsprechenden Körperreaktionen* und einem *Handlungsimpuls*.

> **Beispiel:**
>
> Herr H. ärgert sich (Gefühl), weil er einen wichtigen Termin am Arbeitsplatz hat und jetzt im Stau steht. Er denkt sich „die Leute fahren mal wieder wie die Idioten. Deshalb komme ich jetzt zu spät“ (Gedanken). Er ist hoch angespannt und spürt starken Druck im Brustbereich und hat Kopfschmerzen (Ärgererregung: Körperliche Reaktion). Er hat Fantasien, aus dem Wagen zu springen, jemand aus seinem Wagen zu zerren und anzuschreien (Handlungsimpuls).

Ein Ärgerzustand kann sehr kurz sein, aber auch lange anhalten. Lange hält der Ärger dann an, wenn die Person grübelt und damit die Ärgerspirale sich immer weiter hochdreht.

> **Beispiel:**
>
> Herr H. grübelt die gesamte Fahrt darüber, dass er jetzt zu spät kommt, welche Konsequenzen dies haben kann, regt sich über die Verkehrslage allgemein auf, ärgert sich über seinen Chef, der rücksichtslos wichtige Termine „immer“ zu den ungünstigsten Zeiten legt, usw. Damit gelingt es ihm, mit einer gehörigen Wut im Bauch zu einem Termin zu gehen, bei dem er eigentlich viel Verhandlungsgeschick braucht.

Da sich bei hoher Ärgererregung die Fähigkeit verringert, Handlungsimpulse zu kontrollieren, besteht die Gefahr, dass Herr H. (in unserem Beispiel) weniger geschickt verhandelt oder vielleicht sogar unangemessen ärgerlich gegenüber Unbeteiligten reagiert.

## Die Ärgerbewältigung

Wenn Ärgergefühle auftreten, gehen Menschen unterschiedlich damit um: Sie *bewältigen* ihn in verschiedener Art und Weise. Diese *Bewältigung* unterscheidet sich darin, wie eine Person *innerlich*, in Form von Bewertungen, reagiert und wie sie *äußerlich,* den Ärger ausdrückt.

### *a) Innere Bewältigung: Ärgerverarbeitung*

Herr H., in unserem Beispiel, grübelt permanent, wodurch er sich innerlich immer mehr hochtreibt. Dieses Verhalten nennt man auch „Brüten“. Er könnte der Situation auch mit *Humor* begegnen, was eine ganz andere Art der Bewältigung wäre. Gelänge ihm dies, wäre es für ihn möglich, entspannter in seinen wichtigen Termin zu gehen. Eine weitere Möglichkeit wäre es, *sich abzulenken*, z. B. könnte Herr H. versuchen, die Landschaft zu genießen oder an eine kommende Feier zu denken. Er könnte *gedankliche Kontrolle* einsetzen, indem er seine Situation und seine Handlungsmöglichkeiten anders beurteilt.

*Konfliktvermeidung und Konfliktleugnung* sind eher Strategien, die Frau S. (siehe Beispiel in der Einleitung) einsetzt. Sie relativiert die Ernsthaftigkeit von Ereignissen immer wieder, was dazu führt, dass sie wichtige Themen mit ihren Mitmenschen nicht anspricht, wenn sie angesprochen werden sollten.

### *b) Äußere Bewältigung: Ärgerausdruck*

Damit wären wir bei den verschiedenen Möglichkeiten, wie Menschen ihren Ärger ausdrücken, insbesondere der Ärgerunterdrückung und dem Ärgerausbruch.

Bei der Ärgerunterdrückung wird versucht, den empfundenen Ärger zurückzuhalten und nicht nach außen zu zeigen. Im Extremfall wird der Ärger innerlich verleugnet oder gegen die eigene Person gerichtet. Die Reaktion von Frau S. ist typisch für die Ärgerausdrucksform „Ärgerunterdrückung“.

Beim Ärgerausbruch hingegen wird der Ärger frei, offen, impulsiv und zum Teil aggressiv nach außen gezeigt. Die sich ärgernde Person schimpft, schreit, wirft mit Dingen um sich oder wird sogar gewalttätig. Das Verhalten von Herrn H. ist typisch für die Ärgerausdrucksform „Ärgerausbruch“.

Diese beiden Ärgerausdrucksweisen werden häufig auch als zwei Pole auf einer Dimension betrachtet (vgl. Abbildung 1). Besonders problematisch ist der Ärgerausdruck dann, wenn sich Personen besonders weit rechts oder links auf dieser Dimension finden. Diese neigen dazu übermäßig immer dieselbe *eine* Ärgerausdrucksform einzusetzen, unabhängig davon, ob sie situativ passt oder nicht.

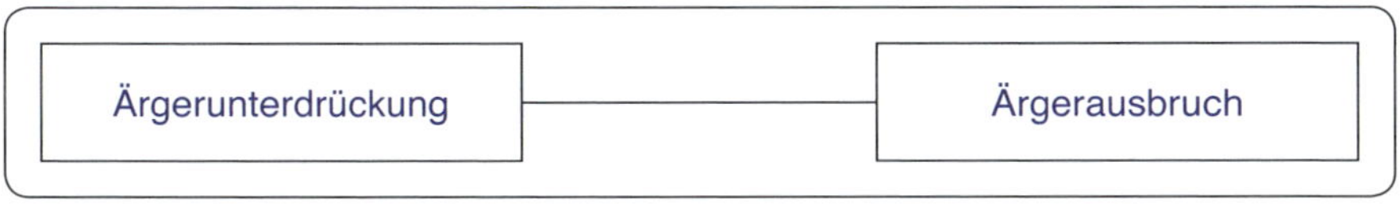


**Abbildung 1:** Die beiden Pole des Ärgerausdrucks

Wie bei allen Emotionen vermittelt sich auch Ärger nicht nur darüber, was eine Person sagt, sondern auch über nichtsprachliche Signale: Ärger zeigt sich auch im Gesichtsausdruck, der Körperhaltung und Gestik. Dies ist der Person oft nicht bewusst, die Signale werden aber von anderen wahrgenommen und haben so auch einen Einfluss auf andere. Manche Personen, die stark zur Ärgerunterdrückung neigen, zeigen alle ihre negativen Gefühle verstärkt durch ihren Gesichtsausdruck oder ihre Haltung. Der angenommene Vorteil ist dabei, dass sie dadurch zwar ihren Ärger ausdrücken, aber die offene Auseinandersetzung meiden. Dieses Verhalten wirkt sich jedoch meist nachteilig aus, da andere häufig auf die indirekten Signale nicht wie gewünscht reagieren. Dann erlebt der Ärgerunterdrücker immer wieder, dass seine Bedürfnisse übergangen werden und er sich hilflos ausgeliefert fühlt. Vorteilhafter wäre eine offene Auseinandersetzung mit dem anderen.

**Merke:**

Der Ärgerzustand beinhaltet das *Ärgergefühl, Ärgergedanken, entsprechende Körperreaktionen* und einen *Handlungsimpuls*. Die Dauer von Ärgerzuständen wird besonders durch grüblerische Gedanken verlängert, z. B. indem weiter über erlebtes Unrecht gebrütet wird. Wie in einer Spirale verstärkt sich der Ärger immer mehr. Bei hoher körperlicher Erregung wird dann die Kontrolle ungünstiger Handlungsimpulse erschwert und es entsteht die Gefahr eines Ärgerausbruchs.

### 1.2.3 Die dritte Phase: Die Ärgerstabilisierung

Je nachdem, ob die gewählte Form der Ärgerbewältigung aus der Sicht der verärgerten Person Erfolg hat, wird sie regelmäßig als Strategie eingesetzt. Bei wiederholt erlebtem Misserfolg einer Strategie wird diese hingegen aufgegeben.

Konkret bedeutet dies, dass, wenn jemand mit der Reaktion „Ärgerausbruch" wiederholt erfolgreich ist, d. h. sich mit seiner Ärgerreaktion durchsetzt, dann wird der „Ärgerausbruch" immer wieder in sehr unterschiedlichen Situationen eingesetzt. Das hat zur Folge, dass insbesondere kurzfristig erfolgreiche und „belohnte" Ärgerbewältigungsformen beibehalten bzw. „stabilisiert" werden, und auch zukünftig in anderen Ärgersituationen benutzt werden.

Demnach können sich unangemessene Ärgerreaktionen, die einmal erfolgreich waren, stabilisieren und weiter eingesetzt werden, obwohl diese in der aktuellen Lebenssituation oder in spezifischen Situationen nicht mehr passen.

Ist die Person nicht in der Lage, neue Erfahrungen angemessen zu berücksichtigen, benutzt sie nun möglicherweise ständig unpassende Ärgerbewältigungsreaktionen. Dies führt in der Folge zu Konflikten im privaten und im beruflichen Bereich, bzw. zu Gesundheits- oder zu Selbstwertproblemen.

**Merke:**

Durch Lernerfahrungen stabilisieren sich Ärgerreaktionen, die zum Teil „erfolgreich" waren, und belohnt wurden. Unangemessene Ärgerreaktionen werden dadurch beibehalten, obwohl sie nicht mehr sinnvoll sind.

## 1.3 Wie entwickelt sich das Ärgergefühl?

Die Fähigkeit, Ärger zu empfinden, zeigt sich bereits sehr früh in der Entwicklung des Menschen. Kleinkinder weisen schon in einem Alter von zwei Monaten Ärgerreaktionen auf, wenn sie daran gehindert werden, ein Ziel zu erreichen. Diese Ärgerreaktionen verändern sich kaum bis zu einem Alter von acht Monaten, auch wenn die Ärgerauslöser sich ändern.

Wie bei anderen Grundemotionen ist die Bereitschaft zum Ärgern genetisch mitbedingt. Temperamentsunterschiede bewirken, dass sich Kinder bereits in ihrer Ärgerneigung unterscheiden.

Dieser Entwicklungsprozess der Ärgeremotion ist stark mit der Entwicklung des Denkens verbunden. Insbesondere die Umwelt, in der ein Kind aufwächst, beeinflusst den Lernprozess. Durch die Beobachtung des Verhaltens von Eltern, Geschwistern sowie Gleichaltrigen, lernen heranwachsende Kinder, ihren Ärger in der jeweiligen kulturellen und sozialen Umgebung in angemessener oder aber auch in unangemessener Weise zu regulieren. So werden durch Sozialisationsprozesse bzw. durch die Umwelt die Ärgerauslöser und die Ärgerreaktionen mit der Zeit verändert.

Untersuchungen belegen, dass Kinder, die diesen Sozialisationsprozess bis zur Zeit der Einschulung nicht erfolgreich abgeschlossen haben, diejenigen sind, die im weiteren Entwicklungsverlauf ein höheres Risiko für ärgerbezogene Probleme und aggressive Störungen aufweisen.

## 1.4 Wer ärgert sich häufiger und intensiver?

Ärger ist insgesamt eine der häufigsten emotionalen Reaktionen von Menschen. So zeigt sich in kulturvergleichenden Studien, dass Ärger
a) im Vergleich zu Angst, Scham und Trauer *häufiger*,
b) im Vergleich zu Angst und Ekel *länger andauert* und
c) gegenüber Scham und Schuld mit *höherer Intensität* auftritt.

Studien in den USA zeigen zudem, dass die Altersgruppe der 30- bis 39-Jährigen das höchste Ausmaß an Ärgererleben aufweist, wobei eine stete Abnahme bis zum Alter von 70 Jahren auftritt. Die über 70-Jährigen ärgern sich wieder häufiger, jedoch nimmt dann die Intensität des Ärgers ab.

Auch weisen Frauen eine höhere Frequenz länger anhaltenden Ärgererlebens sowie einen stärker nach außen gerichteten Ärgerausdruck auf. Auch berichten Frauen häufiger von einem Kontrollverlust bei intensivem Ärger.

Zudem sind Ärgerepisoden im privaten Lebensbereich häufig intensiver – jedoch von kürzerer Dauer – als solche im beruflichen Bereich.

## 1.5 Hat Ärger positive Funktionen?

Das Gefühl Ärger wird häufig von Menschen als unerwünscht und als wenig nützlich gesehen. Oft wird daher versucht, den Ärger zu unterdrücken oder zu leugnen. Dabei ist jedoch wichtig zu wissen, dass jedes Gefühl – auch, wenn es als (sehr) unangenehm erlebt wird – eine Funktion hat und daher von Bedeutung ist.

Ärger kann dabei sehr unterschiedliche und konstruktive Funktionen übernehmen:

- So wird durch Ärger *Energie* – im Sinne einer Aktivierung – bereitgestellt, um sich beispielsweise gegen erlebte Ungerechtigkeit zu wehren.
- Ärger kann aber auch ein Indikator für die Art bzw. Qualität einer Beziehung sein. Beispielsweise wird eine Person als bedeutsam genug angesehen, um sich über sie zu ärgern.
- Daneben kann Ärger auch eine *Signalfunktion erfüllen.* Für die Person *selbst* zeigt der erlebte Ärger an, dass etwas nicht stimmt und sie vielleicht handeln sollte. Auch wird Mitmenschen durch den *Ausdruck von Ärger* etwas mitgeteilt (nach dem Motto: „Pass auf, ich bin wütend!").
- Auch kann Ärger *als Instrument* zur Erreichung eines Ziels eingesetzt werden. So kann Ärger beispielsweise gezielt eingesetzt werden, um eine andere Person zu verunsichern.
- Ärger tritt auch als vorbewusste Strategie in einer Bedrohungssituation auf, um Angst oder andere Gefühle abzuwehren, die mit Schwäche, Hilflosigkeit und Kontrollverlust verbunden sind. In diesem Falle reagiert die Person zunächst mit einem „schwachen" Gefühl, z. B. Angst. Dieses Gefühl ist das „Primärgefühl". Ärger tritt dann als zweites Gefühl (Sekundärgefühl) auf und überdeckt das Erstgefühl, so dass die „Angst" nicht mehr spürbar ist *(Abwehrfunktion von Ärger).*
- Darüber hinaus kann Ärger aber auch *selbstbegünstigend* wirken, etwa dann, wenn er sich für die Selbstdarstellung als vorteilhaft erweist (z. B. wird durch Ärger Dominanz und Durchsetzungsvermögen ausgestrahlt).

**Merke:**

Ärger erfüllt auch positive Funktionen, um wichtige Ziele zu erreichen. Wenn Ärgerreaktionen scheinbar unangemessen auftreten, ist es wichtig, herauszufinden, welchem wichtigen persönlichen Ziel diese „unangemessene“ Verhaltensweise dient.

## 1.6 Was sind die Folgen von Ärger?

Jedes menschliche Verhalten hat einen Gewinn, aber auch Kosten zur Folge – für die Person selbst und eventuell auch für andere. Der „Gewinn“ des Ärgers entspricht unter anderem dem, was zuvor als positive Funktionen des Ärgers aufgezeigt wurde.

**Merke:**

Gäbe es nicht die positive Funktionen bzw. den Gewinn des Ärgers, würde das Verhalten nicht (immer wieder) gezeigt werden.

Was können nun die negativen Kosten des Ärgers sein?

1. *Gesundheitliche Kosten.* In zahlreichen Untersuchungen, die schon seit den 1930er Jahren durchgeführt wurden, zeigt sich immer wieder, dass chronischer Ärger bei der Entstehung von Bluthochdruck und Herzerkrankungen beteiligt ist. Entgegen früheren Annahmen sind davon nicht nur Personen betroffen, die ihren Ärger in sich „hineinfressen“, sondern auch Personen, die zu cholerischen Ärgerausbrüchen neigen. Bei diesen Personen werden in Untersuchungen vermehrt hohe Blutdruckwerte, verstopfte Arterien, Angina Pectoris und Herzattacken festgestellt. In Langzeituntersuchungen zeigt sich, dass diese Personen früher sterben als Personen, die keinen chronischen Ärger erleben.
   Chronisch ärgerliche Personen stehen somit unter permanenter körperlicher und emotionaler Spannung, die diese Erkrankungen begünstigen.
2. *Soziale Kosten: Probleme in persönlichen Beziehungen und im Beruf.* Personen, die hohe Werte in Ärgerreaktion aufweisen, haben weniger so-

ziale Kontakte und erfahren weniger Unterstützung von Familie und Freunden. Personen, die viel Ärger erleben, haben weniger vertrauensvolle Beziehungen und erleben immer wieder Abbrüche oder Verschlechterungen von Beziehungen. Sie berichten über vermehrte Konflikte in der Ursprungsfamilie und gegenwärtigen (Ehe-)Beziehungen.
Im Beruf führen die Ärgerreaktionen zu erheblichen Konflikten mit Kollegen, Vorgesetzten oder Kunden. Diese Personen haben beispielsweise weniger Erfolg bei der Bewerbung um Leitungspositionen, erhalten eher Abmahnungen oder gefährden ihre Anstellung.

3. *Emotionale Kosten: Beeinträchtigung des Wohlbefindens.* Untersuchungen zeigen, dass chronisch ärgerliche Personen sich vermehrt einsam fühlen. Dies liegt zum einen daran, dass sie tatsächlich weniger soziale Kontakte haben und in diesen Beziehungen mehr Konflikte auftreten. Zum anderen führen ihre hohen Ansprüche, Erwartungen an andere zu mehr Enttäuschungen, was wiederum zum Rückzug aus Beziehungen führt. Hinzu kommen bei Personen die zu Ärgerausbrüchen neigen, Schuldgefühle und daraus folgende Selbstwertprobleme. Personen, die sich hingegen ständig in sich hinein ärgern, erleben vermehrt Hilflosigkeit und Ohnmacht (z. B. indem sie denken: „Ich kann mich nicht wehren.“, „Die anderen können mit mir machen, was sie wollen.“).

**Merke:**

Ärger und dessen unangemessene Bewältigung kann zu weitreichenden gesundheitlichen, sozialen und emotionalen Kosten führen.

# 2 Wie kann ein Ärgerproblem erkannt und wann sollte es verändert werden?

## 2.1 Wann spricht man von einem Ärgerproblem?

Von einem Ärgerproblem spricht man, wenn eine Person *sehr häufig und intensiv* Ärger *erlebt* und hohe gesundheitliche oder soziale Kosten, wie Probleme am Arbeitsplatz, Partnerschaftsprobleme oder Probleme in Freundeskreis und Familie, aufweist.

Die Definition des „Ärgerproblems" hängt auch sehr stark von einer Person selbst ab, d. h., ob jemand für sich selbst die Folgen seines Ärgers als nicht mehr tragbar empfindet und erkennt.

Manchmal leiden hauptsächlich die Mitmenschen unter dem erlebten Ärger einer anderen Person. Die Mitmenschen würden vielleicht sagen, die Person habe ein Ärgerproblem, während die betroffene Person selbst kein Problem erkennt. Vielmehr weist die betroffene Person es häufig weit von sich, dass sie ein Ärgerproblem habe und sieht daher auch keine Veränderungsnotwendigkeit ihres Verhaltens.

Selbst Personen, die durch beleidigendes Verhalten oder Gewaltausbrüche in Konflikt mit der Justiz geraten sind, sehen häufig das Ärgerproblem nicht bei sich selbst, sondern machen andere für die Situation verantwortlich.

Andere Personen erkennen wiederum, dass sie ein emotionales Problem haben, jedoch ist ihnen nicht bewusst, dass es sich dabei um chronischen Ärger handelt. Dieses Phänomen tritt besonders bei den „Ärgerunterdrückern" auf. Diese Personen spüren hauptsächlich die *körperlichen Begleiterscheinungen* des Ärgers und vielleicht auch schon *körperliche Langzeitfolgen* (z. B. Bluthochdruck), wissen jedoch nicht, dass der Grund dafür möglicherweise ihr Ärgerproblem ist.

Die meisten Personen, die dieses Buch lesen, gehören vermutlich eher zu denjenigen, die annehmen, dass sie ein Ärgerproblem haben und daher etwas an sich verändern möchten. Oder sie kennen jemanden, von dem sie vermuten, dass er ein Ärgerproblem hat und möchten ihn besser verstehen oder unterstützen, dieses Ärgerproblem zu bewältigen.

## 2.2 Wie erkennt man ein Ärgerproblem?

In Kapitel 4.2 wird eine Methode vorgestellt, wie man seinen Ärger genauer unter die Lupe nehmen kann. Vorgestellt wird dort ein Tagebuch, anhand dessen man Ärgerepisoden genauer analysieren kann, um zu verstehen, was in einer solchen Episode abläuft, wie man sich verhält und welche Konsequenzen dieses Verhalten hat. Gelernt wird, Ärger „unter die Lupe" zu nehmen, um sich darauf aufbauend alternatives Verhalten anzueignen.

Mit Hilfe eines Tagebuches kann somit erkannt werden, ob das Problem tatsächlich der erlebte Ärger ist und ob andere Probleme eine Rolle spielen.

Von Psychologen werden im Rahmen der Behandlung von Ärgerproblemen auch noch andere Methoden der Ärgerdiagnostik eingesetzt. Häufig wird hierbei der Fragebogen, *Stait-Trait-Ärgerausdrucks-Inventar* verwendet. Mit diesem Fragebogen kann die *„Ärgerneigung" des Betroffenen*, also die Neigung, in vielen Situationen mit Ärger zu reagieren, die Ausprägung der Ausdrucksformen Ärgerunterdrückung und *Ärgerausbruch* sowie die *gedankliche* Ärgerkontrolle erfasst werden.

Daneben wird von Psychologen auch häufig der *Fragebogen zu Ärgerbezogenen Reaktionen und Zielen* eingesetzt. Dieser erfasst die Häufigkeit und Intention, mit denen unterschiedliche Bewältigungsformen von Ärger eingesetzt werden, z. B. ob jemand verstärkt bei Ärger mit Humor reagiert, über den Ärger „brütet" oder Schuldgefühle hat.

## 2.3 Ist ein Ärgerproblem gleichzusetzen mit einer Ärgerstörung?

Um psychische Störungen einordnen zu können, werden im Rahmen von medizinischen und psychologischen Behandlungen vorrangig zwei Diagnosesysteme eingesetzt. Zum einen handelt es sich um das von der American Psychiatric Association herausgegebene „Diagnostische und Statistische Manual psychischer Störungen (DSM-5)" (APA/Falkai et al., 2015), und zum anderen um die von der Weltgesundheitsorganisation (WHO) herausgegebene „Internationale Klassifikation der Krankheiten (ICD-10)" (WHO/Dilling et al., 2010). Diese beiden Diagnosesysteme ähneln sich in weiten Teilen, weisen aber auch Unterschiede in der Bezeichnung und Einordnung psychischer Störungen auf.

Obwohl einige Forscher fordern, Ärger, unter Berücksichtigung festgelegter Kriterien, als klinische Störung zu definieren, hat sich bisher in keinem der beiden Diagnosesysteme (ICD-10, DSM-5) eine eigenständige diagnostische Kategorie Ärgerstörung durchgesetzt.

Probleme im Umgang mit Ärger spielen jedoch bei vielen psychischen Störungen eine bedeutsame Rolle, z. B. bei Depressionen. Dies mag erstaunen, da Depressionen häufig nicht unbedingt mit Ärger in Verbindung gebracht werden. So findet sich z. B. bei den Depressionen *eine* Form, in der ausgeprägte Wutausbrüche eine Rolle spielen, die *disruptive Affektregulationsstörung*. Diese Störung ist gekennzeichnet durch *schwere, wiederkehrende Wutausbrüche, die sich verbal (z. B. verbales Toben) und/oder im Verhalten (z. B. körperliche Aggression gegenüber Personen und Gegenständen)* zeigen, und in ihrer Intensität und Dauer in Bezug auf die Situation und den Anlass völlig unangemessen sind. Die Aggressionen sind dem jeweiligen Entwicklungsstand nicht angemessen und die *Stimmung* zwischen den Ausbrüchen ist über die meiste Zeit des Tages anhaltend *reizbar oder ärgerlich*.

Explizit erwähnt wird Ärger auch in den diagnostischen Kriterien für die „*Störung mit Oppositionellem Trotzverhalten*". Unter Kriterium A wird hier auf „Ärgerliche oder gereizte Stimmung" verwiesen, die sich folgendermaßen äußert: (1) Wird schnell wütend, (2) Ist häufig reizbar und lässt sich leicht ärgern, (3) Ist häufig verärgert und beleidigt.

Bei den diagnostischen Kriterien der sogenannten „*Borderline-Persönlichkeitsstörung*" wird erwähnt, dass es zu „*unangemessener Wut oder Schwierigkeiten, die Wut zu kontrollieren (z. B. häufige Wutausbrüche, andauernde Wut, wiederholte körperliche Auseinandersetzungen)*" kommen kann.

Unangemessener Ärger und dessen Bewältigung gelten außerdem als wesentliche Bestandteile u. a. von psychotischen Störungen, Persönlichkeits-, und Impulskontrollstörungen, Entwicklungsverzögerungen, Demenz sowie Posttraumatischen Belastungsstörungen. Ärger wird hier teilweise explizit als ein Diagnosekriterium aufgeführt, kommt jedoch meist nur als randständiges Symptom vor, welches weder als hinreichendes noch notwendiges Kriterium der Störung angesehen wird.

Ärger spielt demnach bei einer Vielzahl von psychischen Störungen eine wichtige Rolle. Diese Störungen werden dann auch als ärger*bezogene Störungen* bezeichnet.

**Merke:**

Als *ärgerbezogene Störungen* werden diejenigen psychischen Störungen angesehen, in denen Ärgerreaktionen einen bedeutsamen Teil der Störung darstellen. Ärger ist hierbei häufig ein potenzielles Symptom der jeweiligen Störung. Ärger wird somit nicht als eigenständige Störung betrachtet, sondern spielt in einer Vielzahl von anderen gut definierten Störungen eine Rolle.

## 2.4 Wann ist es sinnvoll den Ärger zu verändern?

Veränderungen im Erleben und im Umgang mit Ärger sind immer dann sinnvoll, wenn im oben beschriebenen Sinne ein Ärgerproblem vorliegt, entweder für sich allein stehend oder in Zusammenhang mit einer diagnostizierten psychischen Störung.

Das heißt Veränderungen sind sinnvoll, wenn:

a) der Ärger *sehr häufig und intensiv erlebt wird* und *schwerwiegende Auswirkungen* am Arbeitsplatz, in der Partnerschaft, in der Familie und oder auf andere soziale Beziehungen hat, die der Betroffene oder Andere als nicht mehr tragbar empfinden. Auch können gesundheitliche Folgen, z. B. Bluthochdruck oder ein Herzinfarkt es notwendig machen, sich mit dem Thema Ärger auseinanderzusetzen und etwas zu verändern.
b) eine psychische Störung mit Ärgeranteilen vorliegt, sogenannte ärgerbezogene Störungen.

Schwierig ist die Situation, wenn die Mitmenschen einer Person mit Ärgerproblem unter dem Ärgerverhalten (z. B. Wutausbrüche mit Worten, Angriff gegen Personen oder Sachbeschädigung) leiden, die Person selbst jedoch kein Ärgerproblem bei sich erkennt. Diese Personen sind häufig schwer zu bewegen, etwas von sich aus zu verändern und reagieren erst, wenn erhebliche negative Folgen drohen. Beispielsweise wenn eine Ehefrau ankündigt, sich im Falle einer ausbleibenden Besserung zu trennen oder wenn ein Arbeitsplatzverlust droht.

**Merke:**

Eine Veränderung des Ärgererlebens ist besonders dann sinnvoll, wenn ein Ärgerproblem vorliegt, d. h. wenn der Ärger sehr häufig und intensiv erlebt wird und seine gesundheitlichen, sozialen, beruflichen und familiären Auswirkungen entweder für den Betroffenen oder für andere nicht mehr tolerierbar sind.

# 3 Was kann bei einem Ärgerproblem getan werden?

## 3.1 Was kann ich selbst gegen mein Ärgerproblem unternehmen?

In der populärwissenschaftlichen Ärgerliteratur finden sich häufig Ratgeber, die ein allgemeingültiges universelles „Rezept" für einen erfolgreichen Umgang mit Ärger vertreten.

In diesen Ratgebern wird häufig ein *freier*, *leidenschaftlicher Ausdruck* des Ärgers gefordert und das ungehemmte Ausleben von Ärger bis hin zu offener Aggression gefordert. Die Begründung für diese Empfehlung ist die Annahme, dass das Ausleben des Ärgers eine *karthartische, bzw. reinigende Wirkung* habe. Diese *karthatische* Wirkung konnte jedoch in wissenschaftlichen Untersuchungen nicht nachgewiesen werden. Eher ist das Gegenteil der Fall. So wurde vielmehr aufgezeigt, dass aggressive Ausbrüche den Ärger verstärken. Die Erkenntnisse zu den gesundheitlichen Folgen von Ärger bestätigen diese Befunde. So leiden cholerische Personen verstärkt unter Bluthochdruck, Erkrankungen des Herz-Kreislaufssystems und anderen mit Ärger assoziierten Erkrankungen.

Andere Ratgeber empfehlen wiederum eine strikte Ärgerkontrolle. Um soziale Beziehungen nicht zu belasten und Konflikte zu verringern, sollen die Betroffenen Methoden zur Ablenkung, wie z. B. bis zehn zählen, Dinge überschlafen usw., einsetzen. Diese ärgerkontrollierenden Methoden sollen dann zur Folge haben, dass das körperliche Erregungsniveau sich wieder in Richtung Ausgangsniveau einpendelt und die Person Zeit für eine Neubewertung hat. Diese Form der Ärgerkontrolle birgt jedoch die Gefahr, die spontane Erlebnisfähigkeit von Emotionen weitgehend zu be- oder verhindern.

Schlussfolgernd ist festzuhalten, dass die Bevorzugung nur *einer* Form der Ärgerverarbeitung als einzig effektive wenig sinnvoll ist. Vielmehr ist es erforderlich über ein flexibles, situationsangemessenes und sozialverträgliches Ärgerverhalten zu verfügen.

**Merke:**

Die in der Populärliteratur behauptete karthatische Wirkung von aggressivem Verhalten hat sich nicht bewahrheitet. Vielmehr steigert aggressives Verhalten mittel- und langfristig eher den erlebten Ärger. Menschen sollten unterschiedliche Ärgerreaktionen einsetzen können, da es sehr von der jeweiligen Situation abhängt, ob Ärgerausdruck oder Ärgerkontrolle sinnvoll ist.

Um angemessenes Ärgerverhalten zu erlernen sind mehrere Wege möglich:

a) *Selbsthilfe.* Zur Selbsthilfe sollte eine Person greifen, wenn ihr Ärgerproblem noch keine weitreichenden Gesundheits- oder soziale Probleme nach sich zieht. Hier können Selbsthilfebücher genutzt werden, um an der eigenen Ärgerproblematik zu arbeiten. Sie sollten jedoch mit Bedacht ausgewählt werden. Prüfen Sie, ob der Stil des Buches Ihnen zusagt und ob ein flexibler Umgang mit Ärger vermittelt wird. Ideologisch angehauchte Literatur mit Extremausrichtung sollten Sie meiden.
   Im vorliegenden Buch erhalten Sie Informationen über sehr unterschiedliche Umgangsweisen mit Ärger, so dass Sie die Methoden auswählen können, die Ihnen am meisten liegen um Ihren Ärger zu bewältigen.
   Außerdem können wichtige Bezugspersonen, die Ihnen gegenüber positiv und tolerant eingestellt sind, eine wichtige Quelle sein, um sich über das eigene Ärgerverhalten und über alternative Wege, mit dem Ärger umzugehen, zu informieren. Besonderen Nutzen können Sie daraus ziehen, wenn Sie mit Leuten reden, die für Sie ein „gutes“ Modell der Ärgerbewältigung darstellen.

b) *Psychologische Beratung.* Bei Beratung handelt es sich in der Regel um ein persönliches Gespräch, mit dem Ziel, ein oder mehrere spezifische Probleme zu lösen. Es gibt Berater und Beratungsstellen für unterschiedliche Themenfelder, z. B. Lebensberatung, die Sie aufsuchen können. Hier arbeiten Psychologen, Pädagogen oder Personen anderer Berufsfelder, die eine Ausbildung in Beratung oder Psychotherapie haben. Eine professionelle Beratung sollten Sie aufsuchen, wenn Sie mit Ihren eigenen Möglichkeiten in der Bewältigung des Ärgerproblems nicht weiterkommen oder wenn Sie wenige Möglichkeiten haben, sich von Bezugspersonen unterstützen zu lassen. Der Vorteil einer Beratung durch eine außenstehende Person ist, dass diese Ihnen gegenüber eine neutrale Haltung einnimmt und zudem ausgebildet ist, um Ihr Problem mit Ihnen aus unterschiedlichen Blickwinkeln zu beleuchten.

c) *Psychotherapeutische Behandlung.* Psychotherapie ist eine Tätigkeit zur „Feststellung, Heilung oder Linderung von Störungen mit Krankheitswert“ (Definition des deutschen Psychotherapeutengesetzes von 1999). Als Störungen mit Krankheitswert werden die Störungen anerkannt, die in den oben beschriebenen Diagnosesystemen (DSM-5 und ICD-10) beschrieben sind.
   Gut ausgebildete Psychotherapeuten haben in der Regel zunächst ein Studium der Psychologie oder Medizin abgeschlossen, und haben danach eine mehrjährige Ausbildung in einem oder mehreren psychotherapeutischen Verfahren durchlaufen, nach denen sie dann ihre Klienten behandeln. Psychotherapie sollte dann genutzt werden, wenn der Ärger erhebliche negative Konsequenzen im beruflichen oder sozialen Bereich mit sich bringt, die Person oder andere stark darunter leiden und mit anderen Mitteln keine ausreichende positive Veränderung erzielt werden kann. Eine Psychotherapie ist besonders ratsam, wenn neben dem Ärgerproblem auch bereits andere gesundheitliche, soziale oder psychische Probleme vorliegen.

d) *Medikamentöse Behandlung.* Eine rein medikamentöse Behandlung bei Ärgerproblemen ist Untersuchungsergebnissen zufolge derzeit nicht empfehlenswert.

**Merke:**

Eine psychotherapeutische Behandlung oder eine psychologische Beratung ist dann erfolgreich, wenn der Betroffene aktiv mitarbeitet. Der Berater bzw. der Psychotherapeut unterstützt den Betroffenen darin, Lösungen zu erarbeiten, um mit dem Ärgerproblem umzugehen. Das Ärgerproblem kann jedoch nur durch den Betroffenen selbst abgebaut werden.

## 3.2 Welche psychotherapeutischen Behandlungsmöglichkeiten werden bei Ärgerproblemen angeboten?

Spezifische therapeutische Vorgehensweisen zur Behandlung bei mit Ärger assoziierten Problemen wurden verstärkt von den Vertretern der Verhaltenstherapie und Kognitiven Verhaltenstherapie entwickelt. Da das vorliegende

Buch verstärkt auf verhaltenstherapeutischen und kognitiv-verhaltenstherapeutischen Ansätzen beruht, sollen diese hier etwas ausführlicher dargestellt werden. Hingegen wird nur kurz auf andere psychotherapeutische Ausrichtungen eingegangen.

*Verhaltenstherapeutische Verfahren* basieren auf Lerntheorien. Sie gehen davon aus, dass jedes Verhalten gelernt wird, auch unerwünschtes Verhalten. Um unerwünschtes Verhalten verändern zu können, z. B. die Neigung mit übermäßigem Ärger zu reagieren, müssen die Bedingungen, die das Verhalten aufrechterhalten, verstanden werden und Bedingungen geschaffen werden, die ein Umlernen ermöglichen. *Verhaltenstherapien* bieten hierfür ein breites Spektrum an Herangehensweisen an, die wir weiter unten vorstellen werden.

In den letzten Jahrzehnten spielt in der Verhaltenstherapie die Behandlung von *Kognitionen* („Gedanken") zunehmend eine wichtige Rolle. Kognitionen sind Gedanken, Einstellungen, Überzeugungen und Bewertungen die wir haben und die Auswirkungen darauf haben, wie wir gefühlsmäßig, körperlich und verhaltensmäßig auf eine Situation reagieren.

In der *Kognitiven Therapie* bei Ärgerproblemen erfolgt zunächst die Bewusstmachung der zugrunde liegenden automatischen Gedanken. Diese werden dann auf ihre Richtigkeit überprüft und damit zusammenhängende irrationale Einstellungen in Frage gestellt und korrigiert. Der Klient wird angehalten, die Wahrnehmung und Veränderung von ärgerproduzierenden Gedanken und Einstellungen im Alltag zu üben. Da automatische Gedanken oft nicht bewusst ablaufen, lernen die Patienten, über Ärgertagebücher den Prozess des sich aufstauenden Ärgers und das resultierende Ärgerverhalten zu beobachten und sich bewusst zu machen.

Ein rein kognitives (also auf Gedanken ausgerichtetes) Vorgehen bei Ärgerproblemen wird durch Anwendung der *Rational-Emotiven-Therapie (RET)* vorgeschlagen. Unter der Annahme, dass irrationale Überzeugungen Ärger verursachen, werden diese beispielsweise mit Hilfe des „sokratischen Dialogs", eines speziellen therapeutischen Vorgehens, durch rationale Gedanken und Überzeugungen ersetzt.

Im Gegensatz dazu setzen andere kognitive Verhaltenstherapeuten nicht nur beim Denken an, sondern *kombinieren die kognitiven Verfahren mit der Einübung von neuem Verhalten*. So werden neue, angemessene Ärgerreaktionen in verhaltenstherapeutischen Rollenspielen eingeübt. Da Personen mit Ärgerproblemen häufig ein hohes Spannungsniveau halten, werden ihnen zudem Entspannungsmethoden vermittelt, um zu lernen, die körperlich-psychische Spannung zu verringern und diese in Spannungssituationen flexibel einzusetzen. In sogenannten „Expositionsverfahren" übt der Patient, sich potenziell ärgerauslösenden Situationen bewusst auszusetzen, um neu gelernte alternative Denk- und Verhaltensweisen umzusetzen.

Diese „Exposition" kann zunächst in Vorstellungsübungen durchgeführt werden, d. h. der Patient versetzt sich in der Vorstellung in die ärgerauslösende Situation und lässt sie vor seinem inneren Auge wie einen Film ablaufen. An kritischen Punkten, an denen sein Ärger hochkocht, setzt er in der Vorstellung Entspannungstechniken ein, wendet Gedankenstrategien an und visualisiert ein für die Situation angemessenes Verhalten. Später setzt er dieselben Strategien, die er in der Vorstellung geübt hat, in realen Situationen ein.

Die *Dialektisch-Behaviorale Therapie* für Patienten mit einer Borderline-Persönlichkeitsstörung von *Marsha Linehan* gehört ebenfalls zu den Verfahren der kognitiven Verhaltenstherapie. Die speziellen Fähigkeiten, die zur Bewältigung von Emotionen und damit auch Ärger vermittelt werden, sind „Achtsamkeit", „Zwischenmenschliche Fertigkeiten", „Stresstoleranz" und „Umgang mit Gefühlen":

- Im *Achtsamkeitstraining* lernen die Klienten, *Gefühle wahrzunehmen ohne sie zu bewerten*. Gedanken, Körperreaktionen und Emotionen werden beobachtet ohne sie verändern zu wollen oder darauf (z. B. mit einem Wutanfall) zu reagieren. Durch konstantes Achtsamkeitstraining lernen die Betroffenen, ihre Gefühle besser wahrzunehmen, zu akzeptieren und sich dann zu entscheiden, wie sie sich verhalten, statt impulsiv zu reagieren.
- Hinsichtlich der *„zwischenmenschlichen Fertigkeiten"* lernen die Klienten, angemessen ihre Bedürfnisse auszudrücken und Ärger-Eskalationen zu vermeiden, so dass ihre Beziehungen zu anderen erhalten bleiben. Sie lernen auch ungünstige Denkweisen, die Unzufriedenheit und Wut anheizen, abzubauen.
- *Stresstoleranz* hilft dabei, extreme Stress- und Emotionszustände zu bewältigen, beispielsweise bei sehr hoher Anspannung in der „Hitze des Gefechts" kurzfristig wirksame Strategien einzusetzen, um sich schnell „herunterzubringen". Dazu gehören Maßnahmen zur Ablenkung, Selbstfürsorge, den Moment zu verbessern und Akzeptanz-Techniken.

- *Emotions-Regulations-Fertigkeiten* fördern den Einsatz von Strategien, um Emotionen zu verändern. Dazu gehört, die positive Funktion von Gefühlen zu verstehen und Gefühle wahrnehmen und bezeichnen zu können, ohne sie verändern zu wollen. Die Klienten lernen hier aber auch, einzuschätzen, ob ein Gefühl in der Situation gerechtfertigt ist, und wenn ja, ob es evtl. zu heftig ausgeprägt ist. Bei ungerechtfertigtem oder zu starkem, der Situation nicht angemessenen Ärger lernt der Klient Strategien, um den Ärger abzuschwächen. Dazu gehören Denkstrategien, die Umlenkung der Wahrnehmung, die Veränderung der Körperhaltung und ein entgegengesetztes Handeln.

Die *Emotions-fokussierte Therapie (EFT)* ist eine Therapieform, die zu den sogenannten „humanistischen" Ansätzen gehört. Die humanistischen Ansätze gehen davon aus, dass menschliches Verhalten am besten durch das subjektive (d. h. persönliche) Erleben der Realität erklärt werden kann. Der Psychotherapeut unterstützt den Klienten dabei, sich selbst und andere besser zu verstehen, indem er sich in seine subjektive Welt einfühlt und sie ihm widerspiegelt.

Die EFT unterscheidet zwischen „Primärgefühlen" und „Sekundärgefühlen":

- *Primäre Gefühle* sind die Gefühle, die in einer Situation als Erstes auftreten. Freude, Traurigkeit, Angst und Ärger sind solche Primärgefühle. Es gibt Primärgefühle, die der Situation in der sie auftreten, angemessen sind und Primärgefühle die nicht angemessen sind. Die nicht angemessenen Gefühle haben sich durch eine ungünstige Lerngeschichte entwickelt und führen zu unangemessenem Verhalten.
- *Sekundärgefühle* können Reaktionen sein, die auf Primärgefühle folgen oder sind Reaktionen auf Gedanken und Vorstellungsbilder. Sekundärgefühle sind häufig „Schutzgefühle" gegenüber Gefühlen, die eine Person für sich selbst als unakzeptabel oder nicht tolerierbar empfindet. Typisch ist die Entwicklung von Ärgergefühlen um schwache Gefühle wie Angst nicht spüren zu müssen. Personen, die ein Ärgerproblem haben, entwickeln häufig das Sekundärgefühl Ärger auf „schwache" Gefühle.

Umgekehrt gibt es Personen, die mit schwachen Gefühlen, z. B. Traurigkeit auf das Primärgefühl Ärger reagieren, weil das Gefühl Ärger für sie nicht annehmbar ist. Ärger kann auch als Sekundärgefühl auf bestimmte Gedanken auftreten. Beispielsweise weil eine Person ein Verhalten des anderen feindselig interpretiert (z. B. „Das macht er absichtlich, um mich zu ärgern. Dem werde ich es zeigen.“).

In der EFT-Therapie lernt der Betroffene, Primärgefühle und Sekundärgefühle wahrzunehmen und zu unterscheiden und für sich dann zu klären, wann die Gefühle angemessen sind und wann nicht. Angemessene Gefühlsreaktionen lernt der Betroffene dann, auch angemessen auszudrücken, unangemessene lernt er, zu verändern.

So ist Ärger als Primärgefühl dann angemessen, wenn eine Person durch jemand anderen beleidigt oder verletzt wird. Personen, die solche angemessenen Ärgergefühle chronisch unterdrücken, laufen Gefahr, diese aufzustauen und dann mit Wutanfällen in späteren Situationen zu reagieren. Die Person lernt, angemessenen Ärger direkt in der Situation wahrzunehmen und ihn so auszudrücken, dass er für andere annehmbar ist. Reagiert eine Person mit unangemessenem Primärärger, lernt sie, unangemessene Ärgergefühle wahrzunehmen und den Ärger abzubauen.

Personen, *die sekundären Ärger* als Schutzreaktionen vor schwachen Gefühlen einsetzen, lernen in der Psychotherapie, schwache Gefühle wie Angst zu tolerieren und Strategien zu entwickeln, mit diesen umzugehen. Umgekehrt muss eine Person, die auf ihren angemessenen Ärger mit Angst oder Traurigkeit reagiert, lernen, dass ihr Ärger angemessen ist und daher toleriert und ausgedrückt werden muss.

Das *Ärger-Denken* spielt in der EFT wie in der kognitiven Therapie eine wichtige Rolle. Die EFT sucht nach unangemessenen Überzeugungen der Person mit einem Ärgerproblem (z. B. die Überzeugung: „Wenn jemand mich nervt, wehre ich mich und dann habe ich das Recht, zuzuschlagen.“), wobei die EFT mit dem Betroffenen vor allem die Auswirkungen solcher Überzeugungen erarbeitet, um damit ein Umdenken zu erreichen.

*Instrumenteller Ärger* ist ein weiterer wichtiger Fokus in der EFT-Therapie: Wozu dienen der Person mit Ärgerproblem ihre Wutanfälle? So kann eine Person Wutanfälle manipulativ einsetzen, um andere dazu zu bringen, etwas für sie zu tun, das diese sonst nicht tun würden. Der Ärger dient hier also als *Instrument* um eigene Ziele durchzusetzen (vgl. auch Kapitel zu den Funktionen des Ärgers), was dem Betroffenen in der Therapie bewusst gemacht wird. Der Betroffene wird motiviert, sich mit den negativen Folgen des manipulativen Verhaltens auseinanderzusetzen, vor allem mit der Folge der Zerstörung der Beziehung mit wichtigen Bezugspersonen.

## 3.3 Wie können Angehörige oder Freunde bei einem Ärgerproblem helfen?

Chronischer Ärger einer Person wirkt sich schädlich auf die Person selbst aber auch auf die Beziehung zu anderen, insbesondere in der Familie, aus. Wenn ein oder beide Elternteile ein Ärgerproblem haben, führt dies zu einer emotional „aufgeheizten“ Atmosphäre, die alle Familienmitglieder belastet und bei Kindern und Erwachsenen, die mit dem Ärger des anderen konfontiert sind, Hilflosigkeit, Angst, Rückzug und Übervorsicht auslösen. Eine angstgeladene Familienatmosphäre, in der jeder „nur auf Zehenspitzen herumläuft“ und in der andere Familienmitglieder sich selbst zurücknehmen, um die Harmonie zu erhalten, kann im Extremfall die Folge sein. Bei dem Rest der Familie entwickelt sich ebenfalls Ärger, der unterschwellig immer da ist und sich eher indirekt zeigt: Durch Rückzug vom Familienleben und „Sabotageverhalten“ oder Symptomentwicklung der Kinder und der Partnerin/des Partners. Offene Kommunikation und angemessene Formen der Lösung von Konflikten sind in einer solchen Atmosphäre nicht mehr möglich. Regelmäßige Ärgerausbrüche eines Elternteils können zudem von den Kindern durch Modellwirkung „gelernt“ werden, d. h. dass die Kinder solche Verhaltensweisen übernehmen, um zu lernen, sich durchzusetzen.

In einem solchen Fall wäre es vor allem die Aufgabe des Elternteils, der das Ärgerproblem nicht hat, den Partner anzusprechen, die Auswirkungen aufzuzeigen und dem Partner vorzuschlagen, sein Ärgerproblem anzugehen und gemeinsam nach Lösungen zu suchen. Wenn die Person mit dem Ärgerproblem sich bemüht, das Problem zu bewältigen, dies jedoch nicht erfolgreich ist, sollte der Partner eine Psychotherapie vorschlagen. Auch Freunde oder Familienmitglieder können eine Person ansprechen und ihr Rückmeldung über die Auswirkung ihres Verhaltens geben. Dies gelingt allerdings nur, wenn die Beziehung zwischen beiden Personen so gut ist, dass der Angesprochene in der Lage ist, die Rückmeldung auch anzunehmen.

Familien sind immer auch Systeme, in denen ein Familienmitglied das andere durch sein Verhalten mit beeinflusst.

**Beispiel:**

Wenn ein Vater seinen Ärger ständig an der Familie auslässt, verstärkt er möglicherweise die Unsicherheit seiner Ehefrau. Aus Angst davor, verlassen zu werden oder aus Schuldgefühlen vermeidet diese, ihrem Partner die angemessenen Grenzen zu setzen. Diese fehlende Grenzsetzung macht es wiederum erst möglich, dass der Mann sein aggressives Verhalten ohne *direkt* spürbare negative Konsequenzen ausleben kann. Gleichzeitig entsteht langfristig für ihn eine Isolation, weil keiner in der Familie den Mann wirklich mag und alle sich zurückziehen. Diese Isolation kann wiederum zu Verletzung und nachfolgend vermehrtem Ärger bei ihm führen. Die Kinder reagieren vielleicht mit psychosomatischen Symptomen oder entwickeln selbst ein Ärgerproblem, was Konflikte und Spannungen in der Familie erhöht, die das Ärgerproblem des Vaters wiederum anheizen. So entstehen Teufelskreise in den Familienbeziehungen, aus denen es schwer ist, herauszukommen.

Aus diesem Grund kann es bei Ärgerproblemen eines Erwachsenen oder eines Kindes sinnvoll sein, dass die gesamte Familie eine Familientherapie macht. Es kann aber auch hilfreich sein, dass das Paar an einer Paarberatung teilnimmt oder dass die Ehefrau sich im oben beschriebenen Fall helfen lässt, selbstbewusster zu werden und lernt, besser Grenzen zu setzen.

Vorausgesetzt eine freundschaftliche Beziehung ist gut und die Freundschaft ist Ihnen etwas wert, dann ist es sinnvoll, im *Freundeskreis* das Problem anzusprechen, insbesondere, wenn die Person mit dem Ärgerproblem kritikfähig ist.

Der Umgang mit Personen die sich viel ärgern, ist für Angehörige und Freunde oft sehr schwierig. Es hilft hier, sich bewusst zu machen, dass chronifizierter Ärger sehr automatisiert abläuft und die Betroffenen dadurch ihr Ärgerverhalten oft als unkontrollierbar erleben. Der Betroffene muss erst neu lernen, wie er anders mit seinem Ärger umgehen kann. Dieser Umlernprozess braucht Zeit.

*Ärgerunterdrückung* hat weniger offensichtliche und direkt spürbare Konsequenzen für das Umfeld der Person, so dass die Mitmenschen, die Notwendigkeit der Veränderung nicht als so dringlich erachten wie bei aggressiven Verhaltenstendenzen. Jedoch treten auch hier Folgen auf, die zur Schädigung familiärer und freundschaftlicher Beziehungen führen, und dafür sprechen auch ärgerunterdrückendes Verhalten zu verändern.

Da Ärgerunterdrücker dazu neigen, ihren Ärger indirekt auszudrücken, z. B. durch Rückzug aus Beziehungen, durch Schweigen, durch nicht sprachlichen Ausdruck („Gesicht ziehen“) und teilweise auch durch manipulatives Verhalten, hat dies oft negative Folgen für sie selbst und für andere. Die Person selbst erreicht durch ihre indirekten Strategien oft nicht ihre Ziele, so dass sie sich als Opfer erlebt und sich ihr Ärger auf andere Menschen erhöht. Die anderen wissen dann oft nicht, woran sie mit der Person sind. Sie müssen „Gedankenlesen“ üben und stehen im moralischen Dauerstress. Kinder von Ärgerunterdrückern lernen, Wünsche anderer von deren Augen abzulesen und entwickeln Schuldkomplexe und Unsicherheit, da wichtige Themen nicht ausgesprochen werden und das Rückzugsverhalten oder manipulatives Verhalten als Strafe wirkt. Sie lernen nicht, sich offen auseinanderzusetzen, sondern vielmehr ebenfalls indirekt zu kommunizieren.

Ein Teil der Ärgerunterdrücker hat große Probleme damit, anderen Grenzen zu setzen, was im Gegenzug dazu führen kann, dass ihre Kinder Probleme haben, Grenzen zu respektieren und eigene Bedürfnisse zurückzustellen. Forderndes, selbstbezogenes Verhalten kann hier die Folge sein.

Ärgerunterdrücker sind sich häufig der weitreichenden Folgen ihres Verhaltens nicht bewusst. Hier können Familienangehörige oder Freunde erreichen, dass der Person diese Folgen bewusster werden und sie evtl. eine Bereitschaft entwickelt, etwas zu ändern.

# 4 Sechs Schritte hin zu einem konstruktiven Umgang mit Ärger

Wir stellen Ihnen im Folgenden ein Programm vor, mit dem Sie in sechs Schritten an Ihrem Ärger(-problem) arbeiten können. Wir empfehlen Ihnen, die Schritte – von Schritt eins bis Schritt sechs – nacheinander durchzuführen. Es ist jedoch auch möglich, einzelne Schritte vorzuziehen. Zum Beispiel, wenn Sie den Eindruck haben, dass Ihre Hauptschwierigkeit darin besteht, Ihren Ärger angemessen auszudrücken. Dann können Sie z. B. *Schritt 5* vor der Arbeit mit den Gedanken angehen.

Wir stellen Ihnen zunächst kurz die sechs Schritte zu einem angemessenen Umgang mit Ärger vor:

- *In Schritt 1* erhalten Sie die Möglichkeit, sich die Gründe vor Augen zu führen, weshalb es für Sie sinnvoll ist, Ihr Ärgerverhalten zu ändern. Sie beschäftigen sich hier mit den gesundheitlichen, gefühlsmäßigen und sozialen Kosten, die Ihr Ärgerproblem verursacht – die Kosten für Sie, aber auch die Kosten für andere. Sie lernen sich zu motivieren, Ihren Ärger zu verändern.
- *In Schritt 2* nehmen Sie Ihren Ärger unter die Lupe. Mit Hilfe eines Ärgertagebuchs lernen Sie, Ihre typischen Ärgersituationen und Ihre typischen Ärgergedanken, körperlichen Reaktionen sowie Ärgerverhaltensweisen zu erkennen. Sie lernen, die Stärke Ihrer Ärgerreaktionen einzuschätzen und erfahren, welche kurzfristigen und welche langfristigen Konsequenzen Ihr Ärgerverhalten hat.
- *In Schritt 3* vermitteln wir Ihnen Entspannungstechniken, mit denen Sie die mit dem Ärger einhergehende hohe körperlich-psychische Spannung dauerhaft verringern können. Außerdem lernen Sie Kurzentspannungstechniken, die Sie bei Ärgerstress direkt in der Situation einsetzen können.
- *In Schritt 4* lernen Sie, *Triggergedanken* zu erkennen und zu verändern. *Triggergedanken* sind automatisch auftretende Gedanken, die Ihre Ärgerreaktionen anheizen. Sie lernen, diese Triggergedanken durch hilfreiche und ärgerverringernde Gedanken zu ersetzen. Außerdem erfahren Sie etwas über typische Denkfehler, die mit verantwortlich sind für Ihren Ärger. Sie lernen, die Denkfehler zu erkennen, diese in Frage zu stellen und zu vermeiden.

- *In Schritt 5* wird Ihnen vermittelt, wie Sie Ärger gegenüber anderen Personen angemessen ansprechen können. Sie erfahren hier, wie Sie Ihre Kommunikation mit anderen insgesamt verbessern können.
- *In Schritt 6* stellen wir Ihnen die Methode des Problemlösens vor. Mit der Methode des Problemlösens verfügen sie dann über eine weitere Möglichkeit, mit schwierigen Ärgersituationen systematisch umzugehen.

**Merke:**

Ärgerreaktionen sind erlernt, wie jedes Verhalten. Also können Ärgerreaktionen auch verändert werden. Regelmäßiges Üben des neuen Verhaltens ist notwendig, um die alten Automatismen zu durchbrechen und das neue, konstruktive Ärgerverhalten dauerhaft aufzubauen und umzusetzen.

## 4.1 Erster Schritt: Wie motiviere ich mich meinen Ärger zu ändern?

Verhaltensgewohnheiten zu verändern ist nicht einfach. Auch wenn Sie immer wieder gravierende Folgen ihres Ärgers erlebt haben, hilft der Ärger Ihnen auch, mit schwierigen Situationen umgehen zu können. Häufig handelt es sich ja auch um „liebgewonnene" Verhaltensgewohnheiten, die man nicht so gerne aufgibt!

Aus diesem Grunde ist es wichtig, die *Entscheidung* zu treffen, das bisherige Ärgerverhalten zu verändern. Dafür müssen Sie sich sowohl der *„Kosten"* (also den negativen Folgen) als auch der *Funktion* Ihres Ärgers bewusster werden.

Die negativen Folgen des eigenen Ärgers (Kosten) lassen sich z. B. anhand folgender Fragen feststellen:
- Wie hat mein Ärger meine Beziehungen zu Familienmitgliedern, Freunden, Liebes-Partnern und/oder den eigenen Kindern oder anderen Personen negativ beeinflusst? Gehen Sie hier jede einzelne Person durch und überlegen sich, welche Auswirkungen Ihr Ärger in dieser Beziehung hatte.
- Welche gesundheitlichen Folgen habe ich durch meine Ärgerreaktionen (z. B. Bluthochdruck, Herzprobleme, etc.)?

– Hat mein Ärger mich oder andere in Gefahr gebracht (z. B. durch körperliche Auseinandersetzungen, Selbstverletzungen, etc.)?
– Habe ich negative finanzielle Folgen durch meinen Ärger?

In Verbindung mit Ärgererlebnissen fallen Menschen meist nur negative Folgen ein, so dass der Ärger insgesamt als negative Emotion betrachtet wird. Der Ärger übernimmt jedoch für Menschen auch eine Reihe von wichtigen Funktionen, denen wir uns häufig nicht bewusst sind. Diese unterschiedlichen Funktionen wurden im Kapitel 1.5 ausführlich dargestellt.

Um Ihren Ärger zu verstehen und sich zu entscheiden, Ihr Verhalten zu ändern, ist es wichtig, auch diese Seite des Ärgers zu kennen.

Was passiert, wenn ich mich überhaupt nicht mehr ärgere? Wofür ist der Ärger überhaupt nütze? Sind die Fragen mit denen Sie sich hier auseinandersetzen sollten.

Beispielsweise gibt Ärger einem zusätzliche Energie und spornt einen an, etwas zu tun. Ärgerliche Erregung führt dann zu verstärkten Anstrengungen, und dazu, nicht aufzugeben. Ärger wirkt auch als ein Alarmsignal, in dem Sinne, dass der erlebte Ärger einem zeigt, ein unangenehmes Ereignis ist aufgetreten, das ich beachten sollte. Auch Ihnen wichtige Personen profitieren manchmal von Ihrem Ärgerverhalten!

**Beispiel:**

Wenn Sie durch Ihren Ärger die heiße Kartoffel für andere aus dem Feuer holen, indem Sie sich bei Ihrem Chef beschweren, er sein Verhalten verändert, und alle anderen von Ihrem Ärger profitieren.

**Merke:**

Angesichts der positiven Funktionen von Ärger ist es nicht das Ziel, Ärgererleben vollständig zu verhindern, sondern vielmehr gilt es, den Ärger bei sich wahrnehmen zu können, zu erkennen, ob er sinnvoll ist, und ihn entweder angemessen auszudrücken oder Maßnahmen zu seiner Verringerung einzusetzen.

Stellen Sie sich folgende weitere Fragen:
– Überdeckt mein Ärger andere Gefühle, die ich nicht an mich heranlassen möchte, z. B. Traurigkeit, Scham, Schuldgefühle, Angst etc.?

- Ist Ärger ein Mittel für mich, um Aufmerksamkeit von anderen zu bekommen, so dass sie mir zuhören?
- Möchte ich mit meinem Ärger andere bestrafen?
- Will ich andere dazu bringen, dass sie das tun, was ich will?
- Setze ich Ärger ein, um bei mir selber Anspannung und Stress zu reduzieren?

Mit Hilfe des Arbeitsblattes 1 (vgl. Anhang, S. 75) können Sie überprüfen, worin die Kosten aber auch der Gewinn – sprich die (positiven) Funktionen Ihres Ärgers liegen. Diese Informationen geben Ihnen wichtige Hinweise darauf, weshalb Sie Ihren Ärger ändern sollten.

Ein weiterer wichtiger Schritt, sich zu einer Verhaltensänderung zu motivieren, besteht darin, sich die Ziele einer möglichen Änderung näher anzusehen. Was möchte ich überhaupt durch eine Änderung meines Ärgers erreichen? Durch die Festlegung Ihrer Ziele, verschaffen Sie sich Ihre eigene Grundlage für eine Verhaltensänderung.

Mit Hilfe des Arbeitsblattes 2 (vgl. Anhang, S. 76) können Sie klären, worin Ihre persönlichen Ziele einer Ärgerveränderung liegen. Indem Sie sich Ihre Ziele vergegenwärtigen, wird Ihnen klarer, worin Ihre eigenen Motive bestehen, den Ärger zu ändern.

Die nächste Frage, die sich dann stellt, ist: Was wollen Sie konkret ändern? Hierzu müssen Sie sich Ihren Ärger noch etwas genauer ansehen.

## 4.2 Zweiter Schritt: Ärger unter der Lupe! Wann und wie ärgere ich mich?

Ärger ist keine isolierte Erscheinung. Ärger ist auch kein Schicksal, das einem widerfährt, Ärger ist eine Entscheidung. Wir können uns für unseren Ärger entscheiden. Voraussetzung dafür ist die (Er-)Kenntnis, dass Ärger auf unterschiedlichen Ebenen abläuft und die Fähigkeit, diese unterschiedlichen Ebenen unterscheiden zu können. Vorrangig ist dabei, dass Sie erkennen, in welchen für Sie typischen Situationen Sie sich ärgern. Menschen unterscheiden sich sehr stark darin, in welchen Situationen bei Ihnen Ärger auftritt.

Eine Möglichkeit, seinen Ärger besser zu verstehen, ist, ihn sich in all seinen Facetten vor Augen zu führen. Hierzu ist das sogenannte SORK-Schema sehr hilfreich. Das SORK-Schema ist eine Struktur, die entwickelt wurde, um Reaktionen, die normalerweise automatisch ablaufen, selbstständig analysieren zu können und das eigene Ärgerverhalten dadurch besser zu verstehen.

Wir stellen Ihnen hier die einzelnen Komponenten des SORK-Schemas vor. Anhand der Analysen, die mit Hilfe des SORK-Schemas möglich sind, können Sie anschließend Ansatzpunkte für die Veränderung Ihres Ärgerverhaltens finden.

Mit Hilfe des Arbeitsblattes 3 (vgl. Anhang, S. 77) können Sie die Ansatzpunkte für Ihre Ärgerveränderung feststellen.

Zu jeder Komponente des SORK-Schemas stellen wir im folgenden Fragen, die Sie sich beantworten sollten, wenn Sie das Schema benutzen.

## Zur Situation

*Wann* trat der Ärger auf, *wo* waren Sie, als Ihr Ärger auftrat, *was* passierte vorher und währenddessen und *wer* war dabei?

Wenn der Ärger nicht durch eine bestimmte Situation ausgelöst wird, überlegen Sie sich, welche Gedanken Ihnen durch den Kopf gingen, als Sie den Ärger gespürt haben. In diesem Falle sind die Gedanken der Auslöser.

## Zu Ihrem Organismus

Körperliche Voraussetzungen können Ihre Ärgerreaktionen verstärken oder abschwächen. So werden Sie verstärkt mit Ärger reagieren, wenn Sie gerade im „Dauerstress“ sind, während Sie weniger Ärger erleben, wenn Sie entspannt sind.

Ärgerreaktionen können auch indirekt durch Kaffeekonsum, Alkohol (Achtung: manchmal auch erst am nächsten Tag!), Medikamente, Müdigkeit, und Krankheit verstärkt werden. Das (angeborene) Temperament spielt auch eine Rolle! Menschen mit impulsivem Temperament „springen eher aus der Kiste“ als Menschen mit ruhigem Temperament.

### Zu Ihren körperlichen Begleiterscheinungen (Rkörp)

Welche *körperlichen Begleiterscheinungen* haben Ihre Gefühle in der Situation?

Körperliche Begleiterscheinungen von Ärger können Herzklopfen und erhöhter Puls, Schwitzen, Kopf-, Magen-, Nackenschmerzen, Hitzewallungen und im Grunde die ganze Palette sogenannter „vegetativer" Reaktionen sein, die bei starker emotionaler Erregung auftreten. Je nach Stärke des Ärgers können diese unterschiedlich stark ausgeprägt sein.

Auch die Körperreaktionen können mit *einem Wort* ausgedrückt werden. Bitte schätzen Sie sie in ihrer Stärke auf einer Skala von 0 bis 10 ein.

### Zu Ihren Gefühlen (Remot)

Welche *Gefühle* treten in dieser Situation auf?

Oft gibt es nicht nur ein Gefühl, sondern mehrere, die gleichzeitig vorhanden sind. Stellen Sie fest, ob es sich um Primär- und/oder Sekundärgefühle handelt (siehe Kapitel 3.2 zur emotionsfokussierten Therapie).

Ihr Ärger kann für sich alleine stehen, es können ihm allerdings auch Gefühle vorausgehen, z. B. Enttäuschung oder Kränkung. Umgekehrt kann zunächst Ärger auftreten, die Person reagiert darauf, jedoch mit Trauer oder Angst.

Gefühle können mit *einem Wort* ausgedrückt werden, z. B. Ärger, Wut, Angst, Trauer, Enttäuschung, etc.

Schätzen Sie die einzelnen Gefühle in ihrer Stärke auf einer Skala von 0 (gar nicht) bis 10 (extrem stark) ein.

### Zu Ihren Gedanken (Rged)

Gedanken spielen eine entscheidende Rolle beim Auftreten von Ärger. Die Gedanken können eine neutrale Situation zu einem Ärgererlebnis machen. Nehmen Sie an, ein Autofahrer überholt und schneidet Sie. Wenn Sie das Schneiden als Absicht oder als rücksichtslos interpretieren, werden Sie mit Ärger reagieren. Gehen Sie aber davon aus, dass das Schneiden das Ergebnis eines ungewollt verunglückten Überholmanövers ist, reagieren Sie weniger ärgerlich.

Ohne es zu merken, läuft bei Menschen ein ständiger Strom von Gedanken, oft in Form von Selbstgesprächen, ab. Da diese Gedanken automatisch ablaufen, müssen Sie sich bewusst beobachten, um herauszufinden, welche Gedanken in einer bestimmten Ärgersituation vorhanden sind. Gedanken sollten Sie immer als ganzen Satz protokollieren, nicht als einzelnes Wort!

**Merke: Probleme, die beim Ausfüllen des Arbeitsblattes auftreten können**

Die Unterscheidung von *Gedanken, Gefühlen* und *Körperreaktionen* ist manchmal nicht so einfach. Hier erhalten Sie Erklärungen und Hilfestellungen damit Sie es leichter haben, die einzelnen Komponenten zu erkennen: Wie erkennen Sie die entscheidenden Gedanken, die Ihren Ärger auslösen?

Gedanken laufen in Form von inneren Selbstgesprächen ab, die uns häufig nicht bewusst sind, aber praktisch ständig vorhanden sind.

Um die entscheidenden ärgerauslösenden Gedanken herauszufinden, überlegen Sie:
- Welches meiner Ziele ist blockiert oder bedroht?
- Wen oder was mache ich verantwortlich?
- Gibt es Normen, die in der Situation verletzt wurden?
- Habe ich den Eindruck, die Situation bewältigen zu können?

Im Folgenden ein Beispiel für solche Ärgergedanken.

Situation: Ihr Chef kritisiert Ihre Arbeit:

Automatische Gedanken:
- „Er/Sie sieht immer nur meine Fehler"
- „Er/Sie stellt mich absichtlich vor anderen bloß"
- „Wenn der Chef bleibt, werde ich hier nie Karriere mache"

Weitere typische Gedanken, die zu Ärgerreaktionen führen, können sein:
- Er/Sie nimmt mich nicht ernst.
- Ich bin für andere immer der Depp.
- Ich kriege das nie hin.
- Ich packe das nicht.
- Er/Sie ist so niederträchtig.
- Ich bin eine Niete.

- Das macht er/sie mit Absicht.
- Das ist ungerecht.
- Ich kann mich gegen ihn/sie nicht wehren.
- Da kann ich nichts dagegen ausrichten.
- Das habe ich ihm zu verdanken.

Markieren Sie dann den Gedanken, der Ihre Ärgergefühle am stärksten mit auslöst. Dieser Gedanke spielt für die spätere Ärgerbewältigung eine wichtige Rolle.

### Zu Ihrem Handlungsimpuls

Zu welchem Verhalten fühlen Sie sich durch die Situation getrieben? Würden Sie einen Konfliktpartner gerne anschreien, ihn durch Worte verletzen, weggehen etc.?

### Zu Ihrem Verhalten (Rverh)

Was tun Sie? Wie verhalten Sie sich und wie gehen Sie innerlich mit der Situation um?

Beispielsweise können Sie in unserem Beispiel aufs Gas drücken und den „Kontrahenten" ebenfalls überholen und schneiden um es „ihm zu zeigen". Dies wäre eine Racheaktion als Reaktion auf den Ärger.

Wenn Sie die Aktion jedoch als ein Versehen des anderen interpretieren, dann können Sie die Situation eher für sich abhaken und entspannter weiterfahren, ohne zu reagieren.

Führen Sie für sich auch die kurzfristigen und langfristigen Konsequenzen Ihres Ärgerverhaltens auf.

### Zu Ihren kurzfristigen Konsequenzen (Kkurz)

Welche kurzfristigen Konsequenzen (Folgen) hat Ihr Ärgerverhalten?

Die direkt spürbaren Konsequenzen von aggressivem Ausleben des Ärgers sind oft positiv, so dass sie das Ausleben belohnen. So kann die Person, die sich am anderen Autofahrer rächt, innere Genugtuung erleben und kurzfristig ihren Selbstwert erhöhen. Genauso kann das Unterdrücken von Ärger, kurzfristig Angst vor Streit reduzieren.

### Zu Ihren langfristigen Konsequenzen (Klang)

Langfristig jedoch führen solche Racheaktionen oder inadäquates Ausleben von Ärger zu Konflikten mit anderen oder anderen negativen Konsequenzen. Wenn Sie immer wieder übermäßig Ärger ausdrücken und aggressiv anderen gegenüber sind, werden diese sich z. B. zurückziehen und die Beziehungen werden darunter leiden.

Langfristige Folgen sind für Sie dann z. B. schlechte Beziehungen zu Menschen, die Ihnen eigentlich wichtig sind, bis hin zu Beziehungsabbrüchen, Konflikte am Arbeitsplatz u. a. Langfristig verringert sich dadurch auch Ihr Selbstwertgefühl, da Sie sich immer wieder selbst Vorwürfe über Ihr eigenes Verhalten machen.

*Hinweis zur Benutzung des Arbeitsblattes 3:* Sie sollten immer möglichst bald nach dem Ärgerereignis das Arbeitsblatt ausfüllen, da dann die Erinnerungen noch frisch sind. Wenn Sie das Arbeitsblatt 3 erst abends oder am nächsten Tag ausfüllen, dann gehen eventuell wichtige Informationen verloren, da Sie sich nicht mehr an alles erinnern können. Sollte es am Arbeitsplatz schwierig sein, die Aufzeichnungen zu machen, weil Sie z. B. in einem Großraumbüro arbeiten und Ihr großes Ärgertagebuch zu sehr auffallen würde, dann halten Sie stichwortartig die wichtigsten Dinge in einem kleinen Büchlein fest. Diese Notizen können Sie dann abends zu Hause übertragen.

Es wird empfohlen, das Arbeitsblatt über einen längeren Zeitraum (mindestens zwei Wochen) zu benutzen, um eine bessere Selbsteinschätzung darüber zu erlangen, wie häufig bzw. wie stark Sie Ärger erleben und wie Sie dann reagieren. Dadurch erstellen Sie Ihr ganz persönliches Tagebuch des Ärgers, mittels dem Sie sehr gut erkennen können, wo Sie ansetzen können um Ihren Ärger zu ändern.

## 4.3 Dritter Schritt: Nur nicht aufregen! Aber wie?

Um zu lernen, Ihr Ärgerverhalten insbesondere Ihre körperliche Reaktionen zu verändern, ist es wichtig, dass Sie lernen, sich zu entspannen. Übermäßiger Ärger und unangemessenes Ärgerverhalten treten meist in Zusammenhang mit schon bestehender Anspannung und Stress auf. Im Gegensatz dazu ist die Schwelle, sich zu ärgern, wesentlich höher, wenn Sie in dem Moment entspannt und ausgeglichen sind.

Der Einsatz von Entspannungsverfahren ist grundsätzlich hilfreich, in erster Linie auch als vorbeugende Maßnahme. Regelmäßig durchgeführtes Entspannungstraining führt zu einer Verringerung der körperlichen und psychischen Grundanspannung und verringert dadurch die Sensibilität für Ärgernisse. Menschen mit einem chronischen Ärgerproblem werden dadurch unempfindlicher gegenüber Erfahrungen, die bei ihnen üblicherweise Ärger auslösen.

**Merke:**

Entspannung kann sowohl zur Prävention als auch zur Beruhigung während und nach einem Ärgererlebnis eingesetzt werden. Entspannung muss allerdings gelernt werden und erfordert regelmäßige Übung.

Es gibt verschiedene Techniken zur Entspannung, die Sie erlernen können, um einerseits Ihre *Grundspannung zu* reduzieren und andererseits, um sich *in konkreten* Ärger*situationen* direkt zu entspannen und damit übermäßigen Ärger zu verhindern.

Sie können folgende Entspannungsverfahren zur Ärgerbewältigung anwenden.

## Die Progressive Muskelentspannung nach Jacobson

*1. Schritt:* Um Ihre Grundspannung zu verringern und damit die Voraussetzungen zu verbessern, sich weniger zu ärgern und konstruktiv mit aufkommendem Ärger umzugehen, ist das Erlernen der Progressiven Muskelentspannung nach Jacobson sehr hilfreich.

Die Methode wurde von dem amerikanischen Physiologen Edmund Jacobson entwickelt, der festgestellt hatte, dass Muskeln sich gründlicher entspannen können, wenn sie zuvor angespannt waren. Auf diesem Hintergrund werden bei dieser Methode nacheinander jeweils verschiedene Muskelgruppen zuerst kurz angespannt und danach langsam entspannt. Die anschließende Konzentration auf das Gefühl der Entspannung der jeweiligen Muskelgruppe führt nach und nach zu einer Entspannung und einem Wohlbefinden des gesamten Körpers. Wenn das Verfahren über mehrere Wochen täglich durchgeführt wird, verringert sich die Grundanspannung des Körpers und die Fähigkeit zur Selbstregulation von Ärger steigt.

Mit Hilfe des Arbeitsblattes 4 (vgl. Anhang, S. 79) können Sie das Entspannungsverfahren eigenständig erlernen. Die hier dargestellte Version hat sich in unserer Arbeit als am Vorteilhaftesten herausgestellt.

*2. Schritt:* Wenn Sie die Progressive Muskelentspannung beherrschen – bei täglichem Üben ist dies nach zwei, drei Wochen möglich – geht es in einem nächsten Schritt darum, das Verfahren so zu verändern, dass der Aspekt der Spannung vollständig herausgenommen wird.

Dabei gehen Sie jetzt die Muskelbereiche, die bisher angespannt und dann entspannt wurden, nacheinander *rein in der Vorstellung* durch, nehmen die dort vorhandene Spannung wahr, atmen tief ein und während Sie ausatmen, entspannen Sie den entsprechenden Muskel.

*Vorgehen:* Muskel wahrnehmen und Spannung spüren ... einatmen ... ausatmen und Muskel während des Ausatmens *entspannen.*

Führen Sie das Training wiederum mindestens zwei Wochen lang täglich durch bis Sie es gut beherrschen und während der Durchführung eine deutliche Spannungsreduktion erfahren.

Jetzt haben Sie eine Methode kennengelernt, mit deren Hilfe Sie Ihre Grundanspannung reduzieren können. Mittlerweile können Sie sich mit Hilfe dieses Verfahrens in einen Entspannungszustand versetzen und Sie stellen wahrscheinlich eine deutlich verringerte Grundspannung bei sich fest.

## Kurzentspannungsmethoden

In den folgenden Abschnitten werden Sie Kurzentspannungsverfahren kennenlernen, die Sie direkt in aktuellen Ärgersituationen einsetzen können.

### Die Zwerchfellatmung

Babys sind wahre Meister im Atmen. Wenn man sie beobachtet, sieht man, wie der gesamte Oberkörper sich hebt und senkt. Im Gegensatz dazu atmen wir Erwachsenen und oft auch schon die Kinder flach und angespannt.

Wir stellen eine einfache Atemtechnik vor, mit der Sie sehr einfach und schnell innere Anspannung abbauen können, die sogenannte Atementspannung.

Die Atementspannung funktioniert als eine Art geistige Entspannung, d. h. sie ist besonders bei Problemen des Nicht-Abschalten-Könnens und ständigen Grübelns hilfreich. Im Mittelpunkt der Übung steht die Beobachtung unseres Atems.

*Vorgehen:* Setzen Sie sich zu Hause an einen ruhigen Ort, an dem Sie ungestört sind. Schließen Sie die Augen. Wenn Sie sie lieber geöffnet lassen möchten, dann empfehlen wir Ihnen, mit den Augen einen Punkt im Raum oder auf dem Boden zu fixieren.

Legen Sie eine Hand auf den Bauch zwei Finger breit unterhalb des Nabels, die andere Hand legen Sie auf Ihre Brust. Beginnen Sie jetzt, tief in den Bauch einzuatmen, als würden Sie eine bauchige Kanne mit Wasser füllen wollen. Das Einatmen sollte stets über die Nase erfolgen, und zwar möglichst lautlos. Einatmen über den Mund führt zu übermäßiger Brustatmung, zu Verspannungen im Brustbereich und zu einem trockenen Mund.

Sie spüren beim Einatmen, wie Ihr Bauch sich hebt, und beim Ausatmen wie er sich senkt. Die Hand auf Ihrer Brust bewegt sich kaum. Fahren Sie fort, ein- und auszuatmen. Beim Einatmen konzentrieren Sie sich ganz auf Ihren Bauch und leiten Ihren Atem tief hinunter in Ihren Bauch, bis dieser vollständig gefüllt ist. Spüren Sie während Sie atmen weiter nach, wie sich Ihr Bauch beim Einatmen hebt und beim Ausatmen senkt. Nach und nach ist da diese spürbare Ruhe und ein Lösen innerer Spannungen.

*Abwandlung:* Wenn es Ihnen schwerfällt, wirklich tief in den Bauch einzuatmen, legen Sie zunächst einen schweren Gegenstand auf Ihren Bauch damit Sie das Heben und Senken des Bauchs besser spüren. Nach einiger Zeit atmen Sie wieder ohne den Gegenstand auf dem Bauch. Sie werden merken, dass Sie die Atembewegungen besser spüren können.

*Fortgeschrittene Version der Zwerchfellatmung:* Wenn die Zwerchfellatmung gut funktioniert, können Sie beginnen, darauf zu achten, dass Sie die Ausatmung immer ein klein wenig mehr verlängern:

*Vorgehen:* Tief einatmen, Atmung mit Ihrer Hand erspüren … Ausatmen und Atem verlängern … Tief einatmen … Atmung mit Ihrer Hand erspüren … Ausatmen und Atem verlängern.

Um sich genau zum richtigen Moment zu entspannen, ist es hilfreich, sich ein Schlüsselwort zu suchen, mit dessen Hilfe ein tiefer Entspannungszustand ausgelöst werden kann, sobald Sie das Wort aussprechen. Ein solches Wort könnte zum Beispiel sein: „entspann dich", „lass los" , „keep cool" oder Ähnliches. Wenn Sie ein solches Wort gefunden haben, führen Sie noch einmal die gelernte, tiefe Zwerchfellatmung durch und mit jedem Ausatmen, sagen Sie sich Ihr Schlüsselwort laut vor:

*Vorgehen:* Einatmen … Ausatmen + Schlüsselwort … Einatmen … Ausatmen + Schlüsselwort etc.

Mit jedem Ausatmen kann so nach und nach ein wenig mehr Entspannung eintreten.

Führen Sie die Atemübungen etwa 2- bis 3-mal am Tag durch, etwa 5 bis 10 Minuten lang. Anfangs kann es sein, dass die Atmung ungewohnt ist, und Sie es als anstrengend erleben. In diesem Fall sollten Sie während der Zwerchfellatmung immer wieder kleine Pausen machen, in denen Sie normal weiter atmen.

### Die Entspannung durch Ruhebilder

Mit Hilfe der Vorstellung können Sie sich eine friedvolle, entspannte Szene wachrufen, die Sie mit Ruhe und Entspannung verbinden. Üblicherweise ist dies eine Situation, in der Sie sich einmal besonders entspannt gefühlt haben. Dies kann z. B. eine Situation sein, in der Sie im Urlaub am Strand waren, eine Lichtung im Wald, die Sie öfter aufsuchen, eine Situation am Meer. Wichtig ist, dass Sie sich an diesem Ort absolut wohl, sicher, geborgen, entspannt und ruhig gefühlt haben.

Durch Übung sollen Sie so weit kommen, dieses Ruhebild in Ärgersituationen einzusetzen, um Ärger gar nicht erst aufkommen zu lassen oder aber frühzeitig dagegen zu steuern.

Eine Hilfe, die von manchen Autoren vorgeschlagen wird, um schnell in das Ruhebild hineinzufinden, kann sein, sich eine *„Magische Tür"* vorzustellen, hinter der Ihr Ruhebild auftaucht:

Vor Ihrem inneren Auge erscheint eine Wand mit einer Tür, auf der ein Schild mit Ihrem Ruhewort angebracht ist. Sie gehen nun zu der Tür, greifen die Klinke und öffnen die Tür. Dahinter erscheint direkt Ihr vollständig vorbereitetes Ruhebild.

In der Ärgersituation sollten Sie wie folgt vorgehen: Sie spüren Ärger bzw. emotionalen Stress hochkommen … Ruhebild vor Ihrem inneren Auge auftauchen lassen … Schlüsselwort innerlich sagen.

> **Beispiel:**
>
> Sie werden kritisiert … Ruhebild … „Ich bleibe ruhig".

## Progressive Entspannung (PE) als Kurzentspannungsmethode

Die Progressive Entspannung, die Sie als Verfahren zur Reduktion der Grundspannung kennengelernt haben, kann in verkürzter Form ebenfalls als Kurzentspannungsmethode bei Ärger eingesetzt werden. In diesem Falle wird in einer konkreten Ärgersituation *nur* die Muskelgruppe entspannt, die in der Situation am stärksten angespannt ist. Dabei wird die Progressive Entspannung zusätzlich – wie beim Ruhebild – mit einem Schlüsselwort, das für Entspannung steht, verbunden.

*Vorgehen:* In der Ärgersituation die Muskelgruppe erspüren, die am stärksten angespannt ist ... Muskelgruppe entspannen und sich dabei das Schlüsselwort innerlich vorsagen.

> **Beispiel:**
>
> Nacken erspüren (Verspannung Stärke 8) … Nacken entspannen … „Bleib ruhig".

> **Merke:**
>
> Üben Sie während zwei Wochen die drei Kurzentspannungstechniken täglich. Wenn Ihnen das zeitlich zu viel ist, üben Sie zwei der Techniken pro Tag und wechseln jeden Tag eine Technik aus.

## Entspannung in Ärgersituationen mittels Drehbuch

Jede der drei Kurzentspannungsmethoden können Sie einzeln und kombiniert miteinander in Ärgersituationen einsetzen. *Das* ist allerdings nicht immer so einfach.

Um die Entspannungsmethoden effektiv zu nutzen, können Sie sich in einem ersten Schritt zunächst einmal eine Situation *vorstellen*, die bei Ihnen Ärgerreaktionen auslöst, um dann eine der drei Kurzentspannungstechniken einzusetzen.

Die Forschung zu mentalen Übungen belegt, dass die erfolgreiche Bewältigung von Stress auf der Vorstellungsebene genauso wirken kann, wie die Bewältigung in der Realität. Das mentale Üben kann also ein guter erster Schritt sein, um Ärger dann auch im Realleben zu bewältigen.

*Vorgehen:* Entwickeln Sie ein „Drehbuch" für eine mittel bis stark erlebte ärgerliche Situation (an Ihrem Arbeitsplatz oder im Privatleben). Beschreiben Sie detailliert, was in der Situation passiert: Wer ist dabei? Welche Gefühle, Gedanken und Körperreaktionen verspüren Sie in der Situation? Zur Auswahl einer Situation können Sie hier auch sehr gut Ihr Ärgertagebuch (vgl. Arbeitsblatt 3 im Anhang auf S. 77) verwenden.

Gehen Sie die gewählte Situation zunächst einmal in der Vorstellung durch, ohne eine Entspannungstechnik einzusetzen. Dann teilen Sie die Situation in Abschnitte ein, an deren Ende Sie immer die *Atmung mit Schlüsselwort* einsetzen. Bei jedem Abschnitt schätzen Sie die Ärgerstärke vor und nach dem Atmen ein.

Benutzen Sie Ihr Drehbuch mit der Entspannung dann immer wieder, um zu trainieren, mittels Entspannung Ihren Ärger zu reduzieren.

> Mit Hilfe des Arbeitsblattes 5 (vgl. Anhang, S. 82) können Sie für sich auch ein Tagebuch der Entspannung führen. Dies erleichtert es Ihnen kontrolliert Ihre Entspannung zu üben sowie Ihren Lernerfolg zu beobachten.

**Merke:**

Nur bei regelmäßigem Üben können die vielfältigen positiven Auswirkungen des Entspannungstrainings ausgeschöpft werden! Wenn Sie den Zustand der Entspannung in der Übung immer wieder erfahren, wird es Ihnen ein Leichtes sein, auch in Ärgersituationen die Entspannungstechnik einzusetzen und im Gleichgewicht zu bleiben. Durch das Führen des Tagebuchs der Entspannung können Sie sehr gut Ihren Lernprozess verfolgen.

## 4.4 Vierter Schritt: Ärger entsteht durch die eigenen Gedanken! Was tun?

### 4.4.1 Auslösegedanken verändern

Eine wichtige Komponente von Ärger sind auslösende Gedanken, sogenannte „Triggergedanken". Das englische Wort Trigger steht normalerweise für den Abzugshahn einer Pistole, bedeutet jedoch auch „Auslöseimpuls". Triggergedanken sind zum großen Teil verantwortlich dafür, dass und wie stark Sie sich ärgern. Dies ist uns normalerweise nicht bewusst, die allgemeine Meinung ist eher, dass andere Personen oder gar Situationen für unseren Ärger verantwortlich sind, was sich auch in unserer Sprache ausdrückt:

- „Mein Sohn hat mich heute wieder zur Weißglut gebracht".
- „Mein Chef macht mich verrückt".

Tatsächlich kann jedoch die gleiche Situation bei verschiedenen Menschen zu unterschiedlichen Gefühlsreaktionen führen.

**Beispiel:**

Stellen Sie sich eine Situation am Sonntagmittag in einem guten Restaurant vor. Dort sitzt ein junges Paar, das seinen vierjährigen Sohn mitgebracht hat, der mit seinen Autos durch das Restaurant flitzt, dabei laute Hupgeräusche von sich gibt und gegen zahlreiche Tische stößt. Die Eltern kümmern sich zunächst nicht darum. Nach einiger Zeit bemüht sich die Mutter, den Sohn dazu zu bringen, sich wieder auf seinen Stuhl zu setzen, was er mit lautem Protest und Weigerung beantwortet. Jetzt mischt sich der Vater ein und trägt den Sohn kurzerhand zum Tisch. Der Sohn wehrt sich mit Händen und Füßen, schlägt den Vater, schreit und weint. Am Tisch angekommen, weint er weiter und versucht, immer wieder aufzustehen. Eine laute Auseinandersetzung in der Familie ist die Folge.

*Frau P.* am Nachbartisch feiert mit ihrem Mann ihren Hochzeitstag und hat sich seit Wochen auf dieses Essen gefreut. Sie denkt sich „wie kann man nur so ein verzogenes Kind mit in ein gutes Restaurant nehmen. Das ist doch wirklich rücksichtslos. Der Junge versaut uns unser schönes Hochzeitsessen. Ich habe auch immer Pech." Frau P. ist wütend. Sie kann das Essen nicht mehr genießen und beschwert sich bei ihrem Mann über das „verzogene" Kind.

*Herr P.* denkt sich statt dessen „was für ein Glück, dass wir unsere Kinder groß haben. Wir müssen uns jetzt nicht mehr herumschlagen. Und wer seine Kinder so erzieht, muss mit den Folgen leben. Das Theater haben diese Eltern jeden Tag." Er ist sichtlich amüsiert und macht Scherze über die Situation. Er sagt zu seiner Frau „Da können wir doch froh sein, dass wir das alles hinter uns haben. Jetzt bleiben wir mal ganz locker und gucken uns dieses Spektakel an. Lass dir davon doch nicht unser Essen verderben."

*Frau M.* an einem anderen Nachbartisch denkt sich „Das arme Kind ist offensichtlich sehr vernachlässigt. Das ist doch gar nicht schön für ein Kind in dem Alter, im Restaurant zu sein und dort still sitzen zu müssen." *Frau M.* ist eher traurig und hat Mitgefühl mit dem Kind.

Die gleiche Situation wird also von allen drei Personen völlig anders interpretiert und bewertet, wobei nur eine Person, Frau P. diejenige ist, die sich ärgert, da sie die Eltern als rücksichtslos, die Situation als ungerecht und sich selbst als hilflos erlebt.

Wenn Sie sich ärgern, haben Sie Triggergedanken, die meistens folgende Komponenten aufweisen:

1. Sie empfinden, dass Ihnen *geschadet* wurde und Sie *Opfer* der Person oder Situation sind, über die Sie sich ärgern.
2. Sie glauben, dass die Person über die Sie sich ärgern, Sie *absichtlich schädigt.*
3. Sie glauben, es von der Person, über die Sie sich ärgern, falsch und schlecht war, so zu handeln und dass sie sich anders hätte verhalten sollen.

In unserem Beispiel fühlt sich Frau P. *geschädigt* und *Opfer* der „rücksichtslosen" Eltern und des „verzogenen" Sohnes. Sie sieht es als *falsch* und rücksichtslos an, dass die Eltern den Sohn ins Restaurant mitnehmen. Dahinter steht eine persönliche Regel, dass Kinder nur dann mit ins Restaurant mitgehen sollten, wenn sie ruhig auf ihrem Stuhl sitzen können und nicht laut sind (*Erwartung, dass Sohn und Eltern sich nach Frau P's Regel richten sollten).* Sie fühlt sich der Situation hilflos ausgeliefert.

Bei diesem Beispiel würden übrigens viele Leute Frau P. zustimmen. Es ist ja auch sicher anstrengend und nicht erfreulich, wenn man ruhig im Restaurant sitzen und essen möchte und ein Kind so viel Unruhe verursacht.

Trotzdem zeigt das Beispiel, dass eine andere Bewertung der Situation zu ganz anderen, zum Teil weniger belastenden Emotionen führt. So kann Frau P.s Mann sich über die Situation amüsieren und das Spektakel in Ruhe betrachten. Er genießt im Gegensatz zu seiner Frau das Essen. Frau P. erlebt nämlich noch etwas anderes: Sie erlebt durch die Art, wie sie die Situation bewertet, Hilflosigkeit.

Wenn Sie davon ausgehen, dass der andere Sie *vorsätzlich schädigt* und Sie gleichzeitig von ihm erwarten, dass er derjenige ist, der Ihr Leid, das durch ihn „verursacht" wurde, *beenden soll*, fühlen Sie sich ihm ausgeliefert. Das macht Sie hilflos.

Menschen verändern ihr Verhalten nicht, nur weil wir meinen, sie sollten dies tun. Jeder Mensch – auch Sie selbst – versucht, sein Leben so zu leben, dass er sich seine eigenen Wünsche und Bedürfnisse erfüllt. Ändern können nur Sie selbst etwas!

Das Beispiel zeigt auch, wie das Zuschreiben der Verantwortung (die Eltern bzw. das Kind ist schuld) den Ärger hochtreibt. Veränderung ist nur möglich, wenn Sie die Verantwortung für Ihren Ärger übernehmen.

*Aufgabe:* Führen Sie in der kommenden Woche Ihr Ärgertagebuch (Arbeitsblatt 3, vgl. Anhang auf S. 77) weiter und analysieren Sie jetzt konkreter Ihre Triggergedanken.

*Vorgehen:* Triggergedanken lassen sich unterschiedlichen Themen zuordnen, die bei Ärger eine Rolle spielen. Im Folgenden sind einige zentrale Themen aufgeführt. Kreuzen Sie für sich die Themen an, die bei Ihnen zu typischen Triggerdanken führen:

- ☐ Andere ignorieren meine Bedürfnisse.
- ☐ Andere sehen oder verstehen mich nicht.
- ☐ Andere fordern und erwarten zu viel von mir.
- ☐ Andere sind rücksichtlos und unhöflich.
- ☐ Andere nutzen mich aus oder benutzen mich.
- ☐ Andere kontrollieren mich.
- ☐ Andere sind selbstsüchtig.
- ☐ Andere sind dumm und gedankenlos.
- ☐ Andere beschämen mich und/oder kritisieren mich.

- ☐ Andere lassen mich warten.
- ☐ Andere sind gefühllos und/oder engstirnig.
- ☐ Andere sind manipulativ.
- ☐ Andere drohen und sind zwanghaft.
- ☐ Andere sind hinterhältig und grausam.
- ☐ Andere sind respektlos mir gegenüber.
- ☐ Andere sind unfair und ungerecht.
- ☐ Andere sind faul und leisten nicht ihren Beitrag.
- ☐ Andere sind inkompetent.
- ☐ Andere verhalten sich unverantwortlich.
- ☐ Andere helfen nicht.
- ☐ Andere handeln falsch.

Wenn Sie Ihre persönlichen Ärgerthemen kennen, können Sie die dazugehörigen Triggergedanken in entsprechenden Situationen besser erkennen und verändern. Hierzu können Sie sich alternative Gedanken/Sätze überlegen, die Sie als Selbstanweisungen nutzen und die Sie immer parat haben, um sie in konkreten Ärgersituationen einzusetzen.

**Beispiele: Alternativgedanken bzw. Selbstanweisungen, die Sie anstatt ihrer Triggergedanken einsetzen können**

- Atme tief ein und entspanne dich.
- Ärgern hilft nicht weiter.
- Nur so lange ich cool bleibe, habe ich die Kontrolle.
- Mit Leichtigkeit geht es – ich kann nichts gewinnen, wenn ich wütend werde.
- Meine Wut wird ihn nicht ändern. Ich treibe mich nur selbst hoch.
- Bleib ruhig! Kein Sarkasmus, keine Attacken.
- Ich kann ruhig und entspannt bleiben.
- Entspann dich und lass los. Du musst dich hier nicht aufregen.
- Niemand hat Recht und niemand liegt falsch. Wir haben nur unterschiedliche Bedürfnisse.
- Bleib ruhig, bewerte nicht.
- Egal, was sie sagen – ich weiß, dass ich ein guter Mensch bin.
- Ich bleibe rational – Ärger bringt keine Lösung.

- Seine/ihre Meinung ist mir wichtig. Ich lasse mich nicht aus der Ruhe bringen.
- Entscheidend ist, dass ich mich zusammennehmen kann. Ich gehe eher weg als dass ich was Dummes sage oder tue.
- Nimm Auszeit. Cool off und dann komm zurück und kümmere dich drum.
- Manche Situationen haben keine gute Lösung. Es sieht so aus, als sei das eine von denen. Es ist es nicht wert, sich deshalb völlig aufzureiben.
- Es ist nur ein Streit. Ich kann mit Streits umgehen.
- Gut. Ich werde immer besser mit meiner Ärgerbewältigung.
- Ich bin ärgerlich geworden, habe mich aber im Zaum gehalten, schlimme Dinge zu sagen. Das ist ein Erfolg!
- Es ist es einfach nicht wert, so wütend zu werden.
- Mein Ärger zeigt mir: Es ist Zeit, mich zu entspannen und damit umzugehen.
- Ich schaffe das. Ich habe die volle Kontrolle.
- Wenn sie möchten, dass ich ärgerlich werde, werde ich sie enttäuschen.
- Ich kann das locker nehmen.
- Ich habe einen Plan wie ich mich entspanne und damit umgehe.
- Wenn man es *so* sieht, ist es witzig.

Suchen Sie sich zwei bis drei Selbstanweisungen heraus, die Sie sich auf einem Blatt notieren, eventuell in Ihrer Küche gut sichtbar aufhängen oder auf einem kleinen Blatt Papier in der Hosentasche mit sich tragen können. Sie können die Sätze auch so abwandeln, dass sie besser zu Ihnen passen!

*Jetzt nehmen Sie sich einen Augenblick, sich Ihre Sätze einzuprägen und versprechen Sie sich, dass Sie in der kommenden Woche diese Bewältigungsgedanken einsetzen, sobald Sie den aufkommenden* Ärger spüren.

Wichtig ist, diese Sätze auch wirklich anzuwenden. Dabei hilft es, sich für jedes Anwenden des Satzes zu *loben*, auch, wenn die Anwendung vielleicht den Ärger oder das Ärgerverhalten noch nicht verändern konnte. Sie können zur Erleichterung etwas am Körper tragen, das Sie daran erinnert (z. B. ein neues Armband, einen besonderen Pullover, etc.) oder einem

Freund sagen, dass Sie sich vorgenommen haben, diese Sätze anzuwenden.

**Merke:**

Lernen Sie jede der alternativen Selbstanweisungen auswendig und setzen Sie diese so oft wie möglich in Ärgersituationen ein. Erinnern Sie sich durch Schlüsselreize (z. B. Armband, Gegenstände zu Hause oder im Auto) an Ihre alternativen Gedanken und belohnen Sie sich, wenn Sie sie eingesetzt haben.

### 4.4.2 Denkfehler erkennen und abbauen

Wir kommen nun zu einer weiteren Komponente, die bei Ärger eine wichtige Rolle spielt: Zu den sogenannten Denkfehlern bzw. den gedanklichen Fehlern. Hinter unseren Triggergedanken stecken oft Verzerrungen der Realität, die zur Extreminterpretation führen und unseren Ärger anfachen. Sie wirken wie ein Zündholz, mit dem eine Lunte angezündet wird und wodurch Sie dann in Sekundenschnelle explodieren können.

Im Folgenden werden verschiedene Arten von logischen Fehlern aufgeführt, die dafür verantwortlich sein können, dass wir zu falschen, ärgererzeugenden Schlussfolgerungen und Vorhersagen gelangen.

Der erste Schritt zur Verbesserung dieser Fehler ist, zu lernen, zu erkennen, wann diese Fehler auftreten. Wenn wir erst einmal die Fehler erkennen, die wir hauptsächlich begehen, können wir sie durch Gedanken ersetzen, die weniger Ärger erzeugen.

#### Denkfehler 1: Übergeneralisierung

Übergeneralisierung ist eine Form von Übertreibung, bei der aus einem vereinzelt vorkommenden Ereignis ein untolerierbares, andauerndes Ereignis wird. Über- und Untertreibungen gehören zu den typischen Übergeneralisierungen. Hinweise auf Übergeneralisierung finden wir, wenn wir folgende Ausdrücke benutzen: „immer“, „nie“, „Keiner“ , „Jeder“.

**Beispiele:**

- „*Nie* räumst du dein Zimmer auf“
- „*Immer* muss ich einkaufen“
- „Wie es mir geht, ist eh *allen* egal“

*Gegenstrategie:* Gegen Übergeneralisierungen geht man an, indem man *nach Ausnahmen sucht* und *Extremaussagen relativiert*. „Immer, nie, alle“ ersetzen durch „Manchmal, selten“ und konkrete Aussagen.

**Beispiele:**

- „Ich möchte genau sein: Wie oft ist es wirklich vorgekommen?“
- „Werde jetzt nicht wütend: Konzentrier dich nur auf die Fakten und du kommst gut damit klar.“
- „Als deine Mutter gestorben ist, haben viele Leute, auch die, von denen du es nicht gedacht hast, immer wieder nachgefragt, wie es dir geht.“
- „Sie hat mich zweimal versetzt, aber sonst war sie immer pünktlich.“

### Denkfehler 2: Fehldeutungen/Schlussfolgerungen aufgrund ungenügender Beweise

Fehldeutungen entstehen, wenn wir versuchen, die Gedanken des anderen zu lesen und Schlüsse über seine „wahren Motive“ ziehen, die aus den Fakten im Grunde nicht erschließbar sind. Bei den Annahmen über die Gründe, weshalb sich der andere in bestimmter Weise verhält, wird dabei häufig nur eine Begründung in Betracht gezogen.

Tatsächlich liegen die Annahmen über die Motive anderer oft sehr fern von der Realität und können zu schweren Konflikten führen, wenn der „Gedankenleser“ seinen aus der Fehldeutung resultierenden Ärger auslebt.

**Beispiele: Typische Fehldeutungen bei Ärger**

- „Er hat mich absichtlich nicht gegrüßt. Er respektiert mich nicht.“
- „Rita kommt zu spät, weil es ihr einfach egal ist, wie es mir geht.“
- „Er will mir durch die Blume zu verstehen geben, dass ich ein Idiot bin.“

*Emotionale Beweisführung* gehört ebenfalls zu den Fehldeutungen: „Ich fühle, dass er mich nicht mag“. Hier rechtfertigt das eigene *Gefühl* scheinbar die Deutung der Situation.

*Gegenstrategie:* Achten Sie darauf, wenn Sie Vermutungen anstellen über die Motive des/der anderen. Überprüfen Sie dann die Vermutungen, indem Sie:

1. den anderen fragen, ob er es so gemeint hat,
2. wenn dies aus unterschiedlichen Gründen nicht möglich ist, fragen Sie Vertrauenspersonen, wie diese die Situation einschätzen,
3. überlegen Sie sich für das Verhalten des anderen so viele Alternativerklärungen wie möglich.

**Beispiele: Alternativdeutungen**

- „Er hat mich nicht gegrüßt, weil er mich vielleicht nicht gesehen hat oder mit den Gedanken woanders war.“
- „Rita wurde vielleicht aufgehalten und sie ist auch sonst manchmal schlecht organisiert.“ (eventuell Rita danach fragen, weshalb sie zu spät kommt).
- „Er ist vielleicht nur unsicher“.

## Denkfehler 3: Etikettieren

Beim Etikettieren wird die Person, deren Verhalten mir nicht gefällt, mit einem Eigenschaftsstempel versehen, der sie zu einem wertlosen Objekt macht. Eine einzelne Charakteristik wird in den Vordergrund gerückt und mit einer entwertenden Bezeichnung der Person versehen.

**Beispiele:**

- „Der faule Sack hat schon wieder nichts gemacht.“
- „So ein Idiot. Der kapiert nichts.“
- „Die blöde Ziege“ hat nichts anderes verdient.“
- „Das Opfer“

*Gegenstrategie:* Vermeiden Sie eine negative Etikette für andere Menschen, da diese Etikette Ihren Ärger nur anheizt. Beschreiben Sie stattdessen konkret, „*was* ist passiert, *wann* ist es passiert, *wer* war dabei, *welche Auswirkungen* hatte es auf mich und andere?“ Vermeiden Sie abwertende Urteile über andere.

### Denkfehler 4: Katastrophisieren

Beim Katastrophisieren bauschen Sie die Situation oder ihren Ausgang so auf, dass nur noch das schlimmste Ende überhaupt vorstellbar ist. Aus einer schwierigen Situation werden die schlimmsten Schlüsse gezogen oder sich das schlimmste Ende vorgestellt.

**Beispiele:**

- „Mein Geburtstag war ein komplettes Desaster.“
- „Schlimmer kann es nicht kommen. Ich stehe als der komplette Versager dar.“
- „Die Einkaufstouren meiner Frau treiben mich in den Ruin.“

*Gegenstrategie:* Machen Sie eine realistische Einschätzung, wie schlimm die Situation wirklich ist: Die Situation mag nicht so sein, wie Sie sie sich wünschen, aber bemühen Sie sich, die Situation realistisch(er) einzuschätzen und Situationen grundsätzlich ohne Übertreibungen zu beschreiben.

**Beispiele:**

- „Es gab Streit mit einer Freundin, aber wir haben uns wieder vertragen und dann war der Abend schön“.
- „Ich habe einen ernsten Fehler gemacht, aber der Kunde war sonst immer sehr zufrieden und hat gelassen reagiert“.
- „Meine Frau geht dreimal im Jahr einkaufen, da gibt sie wirklich viel Geld aus. Ansonsten ist sie aber sparsam. Ich ärgere mich darüber, aber wir kommen finanziell gut über die Runden.“

### Denkfehler 5: Schuldvorwürfe

Bei Schuldvorwürfen besteht die Fehlannahme, dass andere Leute Ihnen schlimme Dinge antun – und dies mit voller Absicht. Außerdem ist damit ein Rachegedanke verknüpft: „Die sollen bloß nicht damit durchkommen“.

Das Problem dabei ist, dass diese Haltung Hilflosigkeit auslöst, da der andere einerseits als verantwortlich für Ihren Ärger gesehen wird und gleichzeitig die Person ist, die Ihrer Ansicht nach etwas ändern sollte. Wenn Sie darauf warten, dass der andere etwas ändert (weil er ja „Schuld" ist), fühlen Sie sich ausgeliefert, was den Ärger noch verstärkt. Sie werden dem anderen dann Schuldvorwürfe machen, in der Hoffnung, dass der andere seine Schuld einsieht und sein Verhalten ändert.

Dies ist aber sehr selten der Fall. Wenn Sie Schuldvorwürfe machen, zieht sich der andere meist zurück oder greift Sie an. Am Ende haben Sie das ursprüngliche Problem plus die Probleme, die Ihr Ärger ausgelöst hat.

**Beispiele:**

- „Wegen dir komme ich immer zu spät."
- „Du vermiest mir mit deiner Nörgelei den Urlaub."
- „Du blamierst uns vor allen Leuten mit deinem unflätigen Verhalten."

*Gegenstrategie:* Machen Sie sich klar: Menschen tun die Dinge, die *ihre* Bedürfnisse erfüllen. Sie sorgen für sich selbst und werden ihr Verhalten nicht für Sie ändern. Daher: Übernehmen Sie Verantwortung und fragen sich: „Was kann ich ändern?"

**Beispiele:**

- „Schuldvorwürfe machen mich hilflos. Was kann ich tun, um mich besser zu fühlen?"
- „Ich mag nicht, wie er sich verhält, aber er sorgt eigentlich nur für sich."
- „Sie tut, was sie kann, und ich tue, was ich tun kann."

### Denkfehler 6: Anspruchshaltung/Kommandieren

Hier geht es um die Fehlannahme, dass Sie Anspruch darauf haben, dass andere die Dinge so tun, wie Sie es sich vorstellen und dass die Dinge so laufen müssen, wie Sie denken.

Diese Anspruchshaltung kann sich auf drei Arten zeigen:
a) *Berechtigungshaltung:* „Mir sollten keine schlechten Dinge geschehen."
b) *Perfektionismus:* „Das ist nicht der korrekte Weg, wie du es tust. Du solltest es richtig machen."

c) *Fairness:* „Das ist nicht fair. Es ist nicht gerecht, wenn Dinge nicht gleich behandelt werden."

Allerdings gibt es keinen Anspruch darauf, dass andere die Dinge genauso sehen müssen wie Sie, dass Situationen fair verlaufen und dass es *den* korrekten Weg gibt, etwas zu tun.

Ihre Ansprüche erkennen Sie an dem sprachlichen Ausdruck „sollte", „müsste".

**Beispiele:**

- „Er sollte sich mal an seine eigene Nase fassen."(seine eigenen Fehler ansehen)
- „Sie müsste wissen, dass ich kein Fleisch esse und sich darauf einstellen."
- „Das ist nicht fair." „Ich werde benachteiligt."

*Gegenstrategie:* Definieren Sie „sollte/müsste" um in „Ich hätte gerne" oder „Ich wünsche mir". Damit nehmen Sie den ungerechtfertigten moralischen Druck heraus der Ihren Ärger anfacht und auch bei Ihrem Gegenüber Ärger und Widerstand erzeugen kann.

**Beispiele:**

- „Mir gefällt es nicht, wie er sich da verhält, aber ich kann damit umgehen."
- „Es gibt keinen echten Grund, weshalb sie Rücksicht auf mich nehmen müssten. Ich finde das nicht gut, aber ich richte mich drauf ein und sehe zu, wie ich für mich sorgen kann."
- „Ich würde mir wünschen, dass sie fair mit mir umgehen, aber es ist nun mal nicht so. Das ist kein Drama. Ich kann damit leben."

Mit Hilfe des Arbeitsblattes 6 (vgl. Anhang, S. 83) können Sie nun prüfen, was Sie, wenn Sie sich ärgern, denken, und wie Sie Alternativgedanken entwickeln können. Indem Sie anders denken, werden Sie auch anders fühlen. Dieses Arbeitsblatt sollten Sie für verschiedene Ärgersituationen nutzen, und diese hinsichtlich Ihrer Gedanken analysieren.

Hier ein Beispiel zur Veranschaulichung:

**Beispiel:**

- *Situation:* Ihre Schwägerin lädt Sie zum Essen ein und kocht ein Gericht, auf das Sie allergische Reaktionen zeigen.
- *Triggergedanke:* Das ist wieder typisch. Ich bin ihr total egal. Ich zähle nicht. Sie nimmt meine Allergien nicht ernst. Ihr sind die anderen immer wichtiger.
- *Ärger-Denkfehler:* Fehldeutung (bin ihr egal, zähle nicht, sie nimmt meine Allergien nicht ernst, die anderen sind ihr wichtiger), Übergeneralisierung (bin ihr total egal, zähle nicht).
- *Gegenreaktionsplan:* Für Fehldeutungen: Überlege Alternativerklärungen. Für Übergeneralisierung: Suche nach Ausnahmen.
- *Alternativgedanken:* Wenn ich sie vorher noch mal aufmerksam mache, richtet sie sich nach meiner Bitte. Sie hatte vielleicht andere Dinge im Kopf. Bei Mamas Geburtstag hat sie extra etwas vorbereitet, das ich auch essen kann. Sie macht sich bei Geschenken immer viele Gedanken um mich.

## 4.5 Fünfter Schritt: Wie sage ich es dem anderen? Ärger angemessen ansprechen

Ein Grund für die Entstehung von Ärger liegt darin, dass viele Menschen der Meinung sind, Kommunikation sei eindeutig. Daher werden Kommunikationsmissverständnisse von den Beteiligten häufig nicht in Betracht gezogen und es entsteht Ärger.

Im Umgang mit Ärger können drei Kommunikationsstile unterschieden werden: der passive Stil, der aggressive Stil und der selbstbewusste Stil. Wie Sie sicherlich vermuten, ist es sinnvoll, einen selbstbewussten Stil zu entwickeln und zu zeigen. Dafür müssen Sie jedoch die drei Stile zunächst kennenlernen, und nachvollziehen, welche Auswirkungen der jeweilige Stil auf Sie selbst und auf andere hat.

Der *passive Stil* entsteht aus dem Wunsch, unter allen Umständen zu vermeiden, andere zu verletzen. Dies führt dazu, dass die passive Person eigene

Wünsche und Bedürfnisse nicht anspricht und Grenzen gegenüber anderen nur indirekt setzt, indem sie sich zurückzieht oder Verzögerungstaktiken einsetzt. Die Person tritt äußerlich nett, kooperativ und „gut" auf, erlebt jedoch innerlich sehr viel aufgestauten Ärger, da sie sich den Wünschen und Forderungen anderer hilflos ausgeliefert fühlt. *Passiv-aggressive* Formen des Ärgerausdrucks sind die Folge.

Der *aggressive Stil* beinhaltet die Neigung, andere zu kommandieren, lautstark Forderungen zu stellen und den anderen zu bestrafen, wenn er sich nicht den eigenen Wünschen beugt. Aggressive Menschen bekommen oft, was sie haben wollen, jedoch kommt es schnell zu Zusammenstößen mit anderen oder die Mitmenschen ziehen sich zurück. Dies hinterlässt ein chronisches Einsamkeitsgefühl bei der aggressiven Person.

Der *selbstbewusste Stil* ist durch die Überzeugung gekennzeichnet, dass jeder seine eigenen legitimen Bedürfnisse äußern darf. Sie dürfen also sagen, was Sie denken und für Ihre eigenen Bedürfnisse einstehen. Dies sollte so erfolgen, dass die Bedürfnisse anderer nicht geschädigt, sondern genauso respektiert werden, wie die eigenen.

Anhand der Ausgangssituation, dass sich ein Mitarbeiter in der Aufgabenverteilung am Arbeitsplatz vom Vorgesetzten benachteiligt fühlt, sollen die drei Kommunikationsstile veranschaulicht werden.

**Beispiele: Die drei Kommunikationsstile**

– *Passiv-aggressiver Stil:* Herr *Verzagt* ärgert sich über Monate in sich hinein. Er traut sich jedoch nicht, seinen Ärger und seine Enttäuschung anzusprechen. Stattdessen verzögert er die Erledigung von Aufgaben immer wieder, hält Fristen nicht ein und lässt Unterlagen verschwinden. Er läuft permanent mit einem vorwurfsvollen, leidenden Gesicht herum und reagiert auf Nachfrage von Kollegen, was denn sei, mit Leugnen („Es ist nichts. Mir geht es gut." Dabei leidendes Gesicht und Rückzug). Die Kollegen sind zunächst ratlos, im Laufe der Zeit zunehmend verärgert und reagieren mit Rückzug.
– *Aggressiver Stil:* Als Herr *Vulkan* zunehmend den Eindruck gewinnt, dass seine neue Kollegin immer wieder interessantere Aufgaben erhält, poltert er wutentbrannt in das Zimmer des Vorgesetzten. „Mir langt's jetzt. Frau P. wird eindeutig von Ihnen bevorzugt. Sie erhält

immer die besten und interessanten Aufgaben, während ich in die Röhre schaue. Ich *verlange* von Ihnen eine Erklärung.“ Der Chef setzt an, zu erklären ... „Sie können mir viel erzählen. Sie haben mich schon lange auf dem Kieker. Das ist Mobbing in schlimmster Form.“ Der Chef versucht zunächst zu schlichten, wird zunehmend ärgerlich bis die Auseinandersetzung eskaliert. Herr Vulkan wird aus dem Zimmer geworfen.

– *Selbstbewusster Stil:* Herr *Moderat* fragt nach einem Gespräch mit dem Vorgesetzten. In diesem Gespräch sagt er „In letzter Zeit habe ich festgestellt, dass ich zunehmend sehr lange und eher langweilige Vorgänge bearbeiten soll, während meine neue Kollegin trotz ihrer geringen Berufserfahrung die interessanteren Arbeiten bekommt. Das stört mich und ich bin unzufrieden. Ich möchte Sie bitten, mir andere Arbeitsvorgänge zu geben.“ Möglicherweise erklärt der Chef, dass die langen Vorgänge eher mehr Anforderungen an die neue Kollegin stellen und er ihr daher eher kurze, übersichtlichere Arbeiten zuordnet. Herr Moderat kann an diesem Punkt seinen Standpunkt und Wunsch noch einmal darstellen und vielleicht eine sinnvolle Änderung erreichen.

Im Folgenden werden nun unterschiedliche Möglichkeiten aufgeführt, wie Sie Ihren Ärger angemessen ansprechen können. Lesen Sie die Ausführungen in Ruhe durch, und überlegen Sie, wie Sie die verschiedenen Möglichkeiten in Ärgersituationen einsetzen können.

## Ärger selbstbewusst ansprechen

Das letzte Beispiel von Herrn Moderat zeigt, wie Sie Ärger selbstbewusst ansprechen können:

1. *Fakten* ansprechen, die nicht durch Bewertungen oder Schuldvorwürfe belastet sind.
2. *Gefühle* ansprechen, die Sie zu der Situation haben.
3. *Fairen* Wunsch, faires Anliegen äußern.

**Beispiele:**

1. *Vater zu Sohn:* „In letzter Zeit lässt du viele Dinge herumliegen und räumst sie nicht auf (Fakten). Das stört mich und ich ärgere mich, weil es so unordentlich ist (Gefühle). Ich möchte dich bitten, deine Dinge regelmäßiger aufzuräumen (fairer Wunsch)“.

2. *Frau zu Ehemann:* „Du arbeitest fast jedes Wochenende (Fakten). Ich bin frustriert und traurig, weil wir so wenig miteinander reden können (Gefühle). Lass uns an den Wochenenden einen Nachmittag einplanen, um zusammen etwas zu unternehmen (faires Anliegen).“

Wenn der andere nicht bereit ist, Ihrem legitimen Anliegen nachzugehen, ist es wichtig, Konsequenzen zu setzen. Dabei sollten diese ebenfalls fair sein, und nicht eine Strafe oder ein Racheakt darstellen. Konsequenzen dienen dazu, andere Personen dazu zu motivieren, mit Ihnen zu kooperieren oder dass diese Ihre Grenzen respektieren.

Wenn Sie jemandem *Konsequenzen* ankündigen, die Sie setzen werden, falls er nicht mit Ihnen kooperiert, *sollten* diese:

1. *Sich auf konkretes Verhalten beziehen:* „Wenn du mir weiter beleidigende Mails schickst und mir vor der Tür auflauerst, werde ich dich wegen Belästigung anzeigen.“
2. *Sinnvoll, angemessen und fair sein:* „Wenn du mich noch einmal länger als ¼ Stunde warten lässt, werde ich dich nicht mehr abholen. Dann musst du mit dem Bus fahren.“ (Androhungen von Gewalt und Demütigungen sind ein No-Go!).
3. Konsistent angewandt werden: Wenn sie eine Konsequenz ankündigen (z. B. Ihre 16-jährige Tochter alleine nach Hause gehen lassen, wenn Sie sie beim Schwimmbad abholen wollen und länger als 20 Minuten warten müssen), dann müssen Sie das auch durchziehen, da sonst der andere Sie nicht mehr ernstnimmt.
4. *So ausgerichtet sein, dass Sie selbst mit dem Resultat Ihrer Konsequenzen leben können:* Wenn Sie den Umgang Ihrer 17-jährigen Tochter mit bestimmten Jugendlichen verbieten und sie diese nicht mit nach Hause bringen darf, dann kann es passieren, dass ihre Tochter ihr Privatleben ganz aus dem Haus verlagert und nur noch zum Essen nach Hause kommt. Damit verlieren Sie den Kontakt zu ihr und haben keine Einsicht in und keinen Einfluss mehr auf ihre Kontakte.

## Kompromisse aushandeln

Ausgehend davon, dass die Wünsche und Bedürfnisse beider Konfliktparteien gleich wichtig und gleich viel wert sind, können konkurrierende Interessen nur durch das Aushandeln von Kompromissen in Einklang gebracht werden.

Dafür müssen Sie wissen, was Sie sich *konkret* wünschen und dann das, was Sie sich wünschen, *in Verhalten* ausdrücken, nicht in Eigenschaften.

**Beispiel:**

„Ich würde am Samstag gerne zu Hause bleiben, da ich müde bin".

*Nicht:* „Ich möchte auch mal ausruhen".

Hören Sie sich den *Standpunkt* des anderen an und versuchen Sie, ihn durch klärende Fragen nachzuvollziehen. Machen Sie einen *Vorschlag*. Wenn der andere nicht einverstanden ist, bitten Sie um einen *Gegenvorschlag* und suchen Sie auf diesem Hintergrund nach einem *Kompromiss*.

## Grenzen setzen und Nein sagen

Das Setzen von Grenzen ist für Personen mit Ärgerproblemen ebenfalls schwer. Um eine sinnvolle Grenze zu setzen ist es zunächst notwendig, herauszufinden, was der andere sich konkret vorstellt oder wünscht. Erst, wenn Sie sein Anliegen kennen, können Sie wissen, ob Sie das Anliegen des anderen erfüllen möchten oder nicht (z. B. „Welche Hilfe erwartest du dir von mir, wenn du umziehst?").

Wenn Sie die Bitte nicht erfüllen können oder wollen, machen Sie Ihre Position klar (z. B. „Nein, ich komme nicht mit ins Kino. Der Film interessiert mich nicht.").

**Beispiel:**
- „Du möchtest gerne morgen mit mir essen gehen (Erkennen des Anliegens). Ich habe aber keine Zeit (Standpunkt deutlich machen). Ich werde nicht mitgehen (Nein sagen).
- Du hattest mich gefragt, ob ich dir auch einen Pullover stricke. (Erkennen des Anliegens) Den letzten, den ich gestrickt habe, trägst du nicht. Ich möchte nicht Gefahr laufen, mir noch mal so viel Arbeit zu machen und dann trägst du den Pulli wieder nicht (Standpunkt). Daher werde ich es nicht machen (Nein sagen).

**Wichtige Regeln für das Setzen von Grenzen:**

- Entschuldigen Sie sich nicht, wenn Sie sich abgrenzen, sonst übt der andere vermehrt Druck auf Sie aus, das zu tun, was Sie nicht tun möchten.
- Werten Sie sich nicht ab, indem Sie sagen „Ich bin zu dumm dazu" oder „Ich kann das nicht", da der andere Möglichkeiten finden wird, Ihnen zu beweisen, dass Sie es doch können. Sagen Sie stattdessen: „Ich möchte das nicht machen."
- Achten Sie beim Abgrenzen auf nonverbale Signale: Halten Sie den Augenkontakt und sprechen Sie mit klarer, sicherer Stimme. Wenn Sie sich unsicher sind, und es Ihnen schwerfällt, sich abzugrenzen, verschieben Sie die Antwort auf einen anderen Zeitpunkt: „Ich sage dir morgen früh Bescheid."
- Beziehen Sie sich auf konkretes Verhalten: „Ich werde Stühle zur Party mitbringen, aber ich kann keinen Tisch mitbringen."

## Umgang mit Kritik

Kritik anzunehmen ist für die meisten Menschen schwierig, insbesondere für Personen, die Ärgerprobleme haben.

Die Gefahr, als Person mit Ärgerproblemen mit Wut oder Scham zu reagieren, ist ziemlich groß. Dabei kann konstruktive Kritik, die jemand anders ausspricht, Sie persönlich weiterbringen. Durch konstruktive Kritik bekommen Sie eine Rückmeldung über Ihr Verhalten oder Informationen über die Beziehung, die Sie mit der kritisierenden Person haben.

Versuchen Sie sich klarzumachen, dass es sich zunächst hier nur um die *Meinung* des anderen handelt, die richtig oder falsch sein kann.

Daher ist der beste Weg, mit Kritik umzugehen, sie sich zunächst anzuhören und nach weiteren Informationen zu fragen, um den Standpunkt des anderen besser zu verstehen. Dann können Sie möglichst in eigenen Worten zusammenfassen, was der andere gesagt hat und Ihren Standpunkt dazu äußern.

Aggressive Angriffe – verbale oder sogar körperliche Gewalt – müssen Sie sich nicht gefallen lassen. Beleidigungen, Beschämungen, Anschreien weisen auf eine niedrige Wertschätzung durch den anderen hin und sollten von Ihnen gestoppt werden. Selbst, wenn Sie im Unrecht sind, oder Schuldgefühle haben, müssen Sie sich das nicht gefallen lassen. Sagen Sie sehr deutlich, dass der andere das stoppen soll. Wenn dies nichts nützt, gehen Sie weg.

In manchen Situationen ist es sinnvoll, Kritik umzuleiten, abzublocken oder zu entschärfen. Dabei können Sie wie folgt vorgehen:

1. *Von der inhaltlichen Kritik zur Beziehungsklärung kommen* (z.B. „Wir sind jetzt wieder mitten im Streit über den Haushalt. Ich glaube, dass es vielleicht Gründe dafür gibt, dass wir uns immer wieder über Dinge streiten, die gar nichts mit dem Haushalt zu tun haben. Lass uns doch mal überlegen, was los ist, dass wir darüber immer wieder in Streit geraten."). Hier kommen die Konfliktpartner von einem oberflächlichen Thema, über das es wieder mal einen riesigen Streit geben könnte, zu tieferliegenden Problemen, z.B. dass beide Partner sich vom anderen nicht mehr genügend beachtet fühlen, oder dass (sexuelle) Unzufriedenheit in der Partnerschaft vorhanden ist.
2. *Teil-Zustimmung.* Hier stimmen Sie der Kritik teilweise zu, während Sie einen anderen Teil so stehen lassen (z.B. „Du verbrauchst Unmengen an Geld. Wenn wir so weitermachen, sind wir bald arm.").
   *Teilzustimmung:* „Ja, wir haben in der letzten Zeit viel Geld für Möbel ausgegeben."
   *Im Prinzip zustimmen:* „Ja, du hast Recht, wir haben viel Geld ausgegeben."
   *Zustimmung „wahrscheinlich":* „Wahrscheinlich hast du Recht, dass wir zu viel Geld verbrauchen."
3. *Selbstbewusste Präferenz.* Diese Vorgehensweise wird angewandt, um nicht berechtigte Kritik abzublocken (z.B. „Ich höre, dass du nicht einverstanden bist, wie ich mit den Kindern umgehe, wenn sie nicht folgen, aber ich bevorzuge, es so zu machen.)". Wenn der Kritiker weiter kritisiert, können Sie sagen: „Danke für deine Sorge, aber ich bin bereit, das Risiko einzugehen."

## 4.6 Sechster Schritt: Was ist das Problem? Ärger individuell angemessen bewältigen

Eine weitere Möglichkeit, den Ärger vorteilhaft zu bewältigen, besteht darin, den Ärger an sich als ein Problem zu sehen und zu definieren, um dann nach der günstigsten Lösung für das Problem zu suchen. Dieser Weg – von einem Problem hin zu einer konkreten Lösung – lässt sich in einzelne Phasen einteilen, die als Bestandteile eines Problemlöseprozesses durchlaufen werden. Dies ist eine sehr effektive Art, Lösungen für Ärgerprobleme zu erarbeiten und dann die konkrete Lösungsstrategie in der Realität auszuprobieren.

Vorgehen:

- *Bewertung der* Ärgersituation *als ein zu lösendes Problem* (d. h.: „Was ist das Problem? Was stört mich?"). (Beispiel: Mein Arbeitskollege hört laute Musik im Büro).
- *Realistische Zielsetzung und Formulierung der Schritte zur Zielerreichung* (d. h.: „Was will ich?"). (Beispiel: Musikfreien Arbeitsplatz; Reduzierung des Musikhörens meines Kollegen).
- *Berücksichtigung einer Vielzahl möglicher Handlungsalternativen.* Zunächst Brainstorming ohne Bewertung der Alternativen (d. h.: „Was kann ich tun?" oder auch „Was würden andere tun?"). (Beispiel: Schimpfen; Raum verlassen; gemeinsam Musikhörplan mit Kollegen erstellen etc.).
- *Abwägen der Vor- und Nachteile der Lösungsideen unter Berücksichtigung der Konsequenzen* (d. h.: „Was könnte passieren?"). (Beispiel: Absolutes Musikhörverbot – Vorteil: konzentrierte Arbeit möglich; Nachteil: Verärgerter Kollege; Eingeschränktes Musikhören – Vorteil: teilweise konzentriert; Nachteil: weiterhin nervös und unkonzentriert).
- *Treffen einer Entscheidung* (d. h.: „Wie entscheide ich mich?"). Aufstellen einer Rangreihe von schlechten (7) bis sehr guten (1) Lösungen. (Beispiel: Schimpfen = 7; Raum verlassen = 6; Absolutes Musikverbot = 5; ... Andere Musik hören = 3; ... Einschränkung des Musikhören = 1).
- *Handlungsausführung* (d. h.: „Handle jetzt!"). (Beispiel: Zeitplan aufstellen; musikfreie Zeiten schaffen).
- *Bewertung* (d. h.: „Hat es geklappt?"). (Beispiel: Ich bin (un)zufrieden mit der Lösung).
- *Belohnung für die Bewältigungsanstrengung* (d. h.: „Das gönne ich mir!"). (Beispiel: Sich selbst etwas Außergewöhnliches schenken).

Mit Hilfe des Arbeitsblattes 7 (vgl. Anhang auf S. 84) können Sie anhand eines Problemlöseprozesses lernen, Ihr Problem bzw. Ihre Ärgerquelle zu definieren, Ihre Ziele zu benennen, alternative Reaktionen zu suchen, sich für eine Lösung zu entscheiden, diese umzusetzen, und abschließend zu prüfen, ob diese Reaktion erfolgreich war.

**Merke:**

Sie sollten bei dieser Herangehensweise darauf vorbereitet sein, dass Ihre Strategie auch *nicht* erfolgreich sein kann, weil Sie sich z. B. für eine ungünstige Reaktion entschieden haben. Dann sollten Sie das Problemlösemodell noch einmal durchlaufen, möglicherweise solange bis Sie mit dem Ergebnis zufrieden sind.

## Zum Abschluss

Wenn Sie alle bisher aufgezeigten Schritte durchgeführt haben, können Sie nun Ihren ganz *persönlichen* Ärgerbewältigungsplan erstellen.

Wesentlich ist hierbei, dass Sie anhand der sechs Schritte für sich erkannt und gelernt haben, welche der vorgestellten und von Ihnen erprobten Ärgerbewältigungsmethoden für Sie am brauchbarsten und sinnvollsten sind.

Mit Hilfe des Arbeitsblattes 8 (vgl. Anhang auf S. 85) können Sie jetzt ganz konkret das vorher Gelernte anwenden. Für bestimmte Situationen können Sie nun die Strategie festlegen, die Ihnen am besten hilft, Ihren Ärger angemessen zu bewältigen.

**Merke:**

Das Problem des Ärgers mag bei dem einen mehr auf der gedanklichen Ebene liegen, so dass er die Methode der Änderung des Denkens als besonders hilfreich und wichtig empfindet, bei dem anderen liegt es mehr auf der Ebene des konkreten Verhaltens in Ärgersituationen. Dieser zieht mehr Nutzen aus den Erlernten kommunikativen Kompetenzen.

Das heißt: Es gibt kein Patentrezept, mit Ärger umzugehen. Jeder muss den für ihn und seine Umwelt angemessensten Weg finden.

# Anhang

## Zitierte Literatur

American Psychiatric Association (APA)/Falkai, P. et al. (2015). *Diagnostisches und Statistisches Manual Psychischer Störungen DSM-5®*. Göttingen: Hogrefe. http://dx.doi.org/10.1026/02600-000

WHO/Dilling, H., Mombour, W. & Schmidt, M. H. (2010). *Internationale Klassifikation psychischer Störungen. ICD-10 Kapitel V(F). Klinisch-diagnostische Leitlinien* (7., überarb. Aufl.). Bern: Huber.

## Literaturempfehlungen

Eifert, G. H., McKay, M. & Forsyth, J. P. (2013). *Mit Ärger und Wut umgehen*. Bern: Huber.

Schwenkmezger, P., Steffgen, G. & Dusi, D. (1999). *Umgang mit Ärger. Ärger und Konfliktbewältigungstraining auf kognitiv-verhaltenstherapeutischer Grundlage*. Göttingen: Hogrefe.

Schulz von Thun, F. (1989a). *Miteinander reden. Bd. 1: Störungen und Klärungen. Psychologie der zwischenmenschlichen Kommunikation*. Reinbek: Rowohlt.

Schulz von Thun, F. (1989b). *Miteinander reden. Bd. 2: Stile, Werte und Persönlichkeitsentwicklung. Differentielle Psychologie der Kommunikation*. Reinbek: Rowohlt.

Steffgen, G., de Boer, C. & Voegele, C. (2014). *Ärgerbezogene Störungen*. Göttingen: Hogrefe.

Weber, H. (1994). *Ärger. Psychologie einer alltäglichen Emotion*. Weinheim: Juventa.

# Arbeitsblätter

## Arbeitsblatt: Die Kosten meines Ärgers **1**

Füllen Sie jetzt folgendes Schema aus, um sich der positiven wie negativen Folgen Ihres Ärgerverhaltens bewusst zu werden, indem Sie die Fragen beantworten. Sie können sich dazu ganz konkrete Ärgersituation vor Augen führen.

Welche **Kosten** hat mein Ärgerverhalten **für mich** selbst?

______________________________

______________________________

______________________________

______________________________

______________________________

______________________________

Welchen **Gewinn** (positive Auswirkungen) hat mein Ärgerverhalten **für mich**?

______________________________

______________________________

______________________________

______________________________

______________________________

______________________________

Welche **Kosten** (negative Folgen) hat mein Ärgerverhalten **für andere**?

______________________________

______________________________

______________________________

______________________________

______________________________

______________________________

Welchen **Gewinn** (positive Folgen) hat mein Ärgerverhalten **für andere**?

______________________________

______________________________

______________________________

______________________________

______________________________

______________________________

## Arbeitsblatt: Meine wichtigsten Lernziele **2**

Datum: ____________________

Jeder, der seinen Ärger ändern will, kann dabei unterschiedliche Ziele verfolgen. Auf diesem Arbeitsblatt sind einige Änderungsziele aufgeführt, die Sie persönlich vielleicht erreichen möchten. Bitten wählen Sie aus den aufgeführten Zielen drei aus, die Ihnen persönlich am wichtigsten sind.

Das für Sie wichtigste Ziel erhält die *Nummer 1*, das zweitwichtigste die *Nummer 2* und das drittwichtigste die *Nummer 3.* Die Zahlen schreiben Sie bitte an das Ende des jeweils formulierten Ziels.

Wenn Sie selbst noch ein anderes Ziel angeben möchten, haben Sie unter Punkt 10 und 11 die Möglichkeit dazu. Geben Sie diesem Ziel ebenso nach Ihrer persönlichen Einschätzung der Wichtigkeit eine Zahl zwischen 1 und 3.

Bitte wählen und nummerieren Sie nur *drei* Ziele!

1. Ich möchte lernen, meine Wutausbrüche kontrollieren zu können. . . . ☐
2. Ich möchte lernen, in manchen Situationen meinem Ärger richtig Luft zu machen. . . . . . . . . . . . . . . . . . . . . . . . . . . . . . . . . . . . . . . . . . . ☐
3. Ich möchte lernen, in Ärgersituationen die richtigen Worte für mein Gegenüber zu finden. . . . . . . . . . . . . . . . . . . . . . . . . . . . . . . . . . . . ☐
4. Ich möchte lernen, mich gelassener zu fühlen und den Ärgeranlass nicht so wichtig zu nehmen. . . . . . . . . . . . . . . . . . . . . . . . . . . . . . . . ☐
5. Ich möchte lernen, mein Ärgergefühl anderen offen zu zeigen und nicht alles zu schlucken. . . . . . . . . . . . . . . . . . . . . . . . . . . . . . . . . . . . . ☐
6. Ich möchte lernen, meinen Ärger zu kontrollieren und nicht gleich bei jeder Gelegenheit herauszuplatzen. . . . . . . . . . . . . . . . . . . . . . . . . ☐
7. Ich möchte lernen, dass ich mich traue, meinen Ärger anderen Personen gegenüber auszudrücken. . . . . . . . . . . . . . . . . . . . . . . . . . . . ☐
8. Ich möchte lernen, meinen Ärger positiv sehen zu können oder über die Situation zu lachen. . . . . . . . . . . . . . . . . . . . . . . . . . . . . . . . . . . . ☐
9. Ich möchte lernen, auch einmal mit der Faust auf den Tisch zu hauen, wenn mich etwas stark ärgert. . . . . . . . . . . . . . . . . . . . . . . . . . . . . . . ☐
10. Ich möchte lernen, ________________________________________. . . . ☐
11. Ich möchte lernen, ________________________________________. . . . ☐

## Arbeitsblatt: Mein Ärgertagebuch 3

Datum: ____________________ Zeit: ____________

**Anleitung**

Benutzen Sie das Ärgertagebuch, um im Laufe einer Woche **täglich** Ihren Ärger festzuhalten. Die Aufzeichnungen sollten Sie sehr sorgfältig vornehmen, da sie für das Ändern Ihres Ärgers von großer Bedeutung sind.

Es ist sehr wichtig, dass Sie die Angaben immer so bald wie möglich nach dem Ärgerereignis, spätestens jedoch gegen Ende eines jeden Tages, also am Abend, machen. Sollten Sie sich an dem Tag nicht geärgert haben, dann markieren Sie das bitte ebenfalls.

Das Ärgertagebuch orientiert sich an dem im Ratgeber aufgezeigten **SORK-Schema**.

**S**ituation Über die folgende Situation habe ich mich heute am meisten geärgert – Situationsbeschreibung: (Stichwortartig: Situation, Ort, beteiligte Personen, etc.)

______________________________________________

______________________________________________

______________________________________________

**O**rganismusvariable Gibt es körperliche Voraussetzungen, die die emotionale Reaktion begünstigen? (z. B. Müdigkeit, Krankheit, vorausgehender Stress, persönliche Empfindlichkeiten)

______________________________________________

______________________________________________

______________________________________________

**R**körp Was habe ich dabei körperlich gespürt? (z.B. Herzklopfen, Bauchschmerzen, etc.)

______________________________________________

______________________________________________

______________________________________________

## Arbeitsblatt: Mein Ärgertagebuch (Fortsetzung) 3

**R**emot Wie stark war das Gefühl? (sehr gering mittel stark)

(0 – 1 – 2 – 3 – 4 – 5 – 6 – 7 – 8 – 9 – 10)

**R**ged Was habe ich dabei gedacht? (z. B. „Da steckt doch Absicht dahinter!", „Daran bin ich selbst schuld!", „Immer nur mir passiert sowas!", etc.)

________________________________________

________________________________________

________________________________________

**R**Verh Was habe ich gemacht? (z. B. Ich habe mich zurückgezogen, Ich habe laut geschimpft)

________________________________________

________________________________________

________________________________________

**R**Verh Was hätte ich am liebsten gemacht? (z. B. mit jemandem darüber geredet, mich selbst beruhigt, etc.)

________________________________________

________________________________________

________________________________________

**K**kurz Kurzfristige Konsequenzen meines Verhaltens

________________________________________

________________________________________

________________________________________

**K**lang Mögliche langfristige Konsequenzen meines Verhaltens

________________________________________

________________________________________

________________________________________

## Arbeitsblatt: Ich lerne, mich zu entspannen **4**

Setzen Sie sich zu Hause an einen ruhigen Ort, möglichst in einen Sessel mit Rückenlehne. Sorgen Sie dafür, dass niemand Sie stört und dass keine Kleidung oder kein Schmuck Sie einengt.

Schließen Sie die Augen oder fixieren Sie mit den Augen einen Punkt und konzentrieren Sie sich zunächst auf Ihren Atem, der ruhig ein- und ausströmt.

Dann spannen Sie nacheinander folgende Muskelgruppen zunächst stark an, um die Muskeln kurz danach wieder zu lösen.

1. *Rechte Hand und rechter Unterarm (bei Linkshändern mit Links beginnen):*
   Bilden Sie mit der rechten Hand eine Faust und spannen Sie Faust und Unterarm an.
   Das Gleiche machen Sie danach mit der *linken Hand und dem linken Unterarm.*

2. *Rechter Oberarm*
   Bilden Sie wiederum mit der rechten Hand eine Faust, ziehen Sie diese hoch zur Schulter, so dass Ihr Ellenbogen gebeugt ist, und spannen Sie Hand, Oberarm und Unterarm an.
   Das Gleiche führen Sie dann mit dem *linken Oberarm* durch.

3. *Stirn*
   Runzeln Sie die Stirn, indem Sie die Augenbrauen heben.

4. *Augen, Nase und obere Wangenpartie*
   Kneifen Sie die Augen zu und rümpfen Sie gleichzeitig die Nase, so dass die gesamte mittlere Gesichtspartie angespannt wird.

5. *Kiefer*
   Drücken Sie die Zähne fest (aber nicht zu fest!) aufeinander und ziehen die Mundwinkel nach unten.

6. *Mund*
   Machen Sie einen Kussmund.

## Arbeitsblatt: Ich lerne, mich zu entspannen (Fortsetzung) 4

7. *Nacken, Hals und Schultern*
   Ziehen Sie die Schultern zu den Ohren hoch.

8. *Schulterblätter und Rücken*
   Ziehen Sie die Schultern zurück und pressen die Schulterblätter hinten zusammen, so dass Ihr Rücken etwas hohl ist und ihr ganzer Brustbereich gedehnt wird.

9. *Bauchmuskulatur*
   Spannen Sie Ihren Bauch an, als wollten Sie einen Ball abprallen lassen, der dagegen prallt.

10. *Gesäß*
    Spannen Sie Ihre Gesäßmuskeln an, indem Sie sie zusammenpressen.

11. *Rechter Unterschenkel*
    Ziehen Sie Ihre rechte Fußspitze hoch Richtung Knie, sodass Fuß und Wade angespannt sind.
    Machen Sie das Gleiche mit dem *linken Unterschenkel.*

12. *Rechter Oberschenkel*
    Ziehen Sie Ihre rechte Fußspitze hoch Richtung Knie, sodass Fuß und Wade angespannt sind und heben Sie gleichzeitig Ihren Oberschenkel ein Stück vom Sessel hoch.
    Machen Sie das Gleiche mit dem *linken Oberschenkel.*

Bleiben Sie im Anschluss noch einige Minuten sitzen und spüren Sie Ihren Atem, wie er ein- und ausströmt und spüren Sie, wie sich Ihr Körper anfühlt. Da ist Ihr spürbarer Atem, während sich Ihr Brustkorb hebt und senkt. Vielleicht ist da auch ein Gefühl der Leichtigkeit und Schwere und eine zunehmende Ruhe und Entspannung.

Im Anschluss an das Entspannungstraining öffnen Sie bitte die Augen, orientieren sich im Raum und nehmen Sie die Anspannung zurück: Recken, strecken und dehnen Sie die Muskeln wie morgens, wenn Sie aufstehen. Dies ist notwendig, um die Muskeln wieder in einen normalen Spannungszustand zu bringen und nachfolgende Probleme mit dem Kreislauf zu vermeiden.

## Arbeitsblatt: Ich lerne, mich zu entspannen (Fortsetzung) 4

Folgendes muss während des Trainings beachtet werden:

1. Die Spannung der Muskeln sollte etwa 5 bis 7 Sekunden lang angehalten werden. Während des Lösens der Anspannung ausatmen, sich auf die Muskelgruppe konzentrieren und die Entspannung genießen. Am Ende den Unterschied zwischen Anspannung und Entspannung erspüren.
2. Während der Übung – auch beim Anspannen der Muskeln – ruhig und gleichmäßig weiteratmen. Den Atem nicht anhalten.
3. Muskeln stark, aber nicht extrem anspannen, um Verletzungen zu vermeiden.

**Hinweis: Wie fühlt sich die Entspannung an?**

Während und nach dem Entspannungstraining treten bestimmte Veränderungen im Körperempfinden auf, die auf einen Entspannungszustand hinweisen. Dazu gehört ein Kribbeln in den Armen und / oder Beinen, Wärmegefühle und Schwereempfindungen. Es können ebenfalls Schwebeempfindungen der Extremitäten oder des gesamten Körpers auftreten, wodurch manchen Menschen Angst erleben. Nicht jede Empfindung tritt bei jedem Menschen auf. Menschen haben individuell unterschiedliche Entspannungsempfindungen.

Führen Sie die Progressive Muskelentspannung einmal täglich an einem ruhigen Ort zu einer günstigen Tageszeit durch. Optimal ist dafür ein Sessel mit hoher Lehne. Teilen Sie Familienmitgliedern mit, dass Sie während des Trainings nicht gestört werden möchten und stellen Sie Ihr Handy aus.

Führen Sie das Training mindestens zwei Wochen lang täglich durch bis Sie es gut beherrschen und währenddessen eine deutliche Spannungsreduktion erfahren.

Führen Sie ein **Entspannungstagebuch (vgl. Arbeitsblatt 5).**

## Arbeitsblatt: Mein Tagebuch zur Entspannung **5**

| Datum | Situation | Methode (z. B. Atmung) | Spannungslevel (0–10) | | Bemerkungen |
|---|---|---|---|---|---|
| | | | zu Beginn | zum Ende | |
| | | | | | |
| | | | | | |
| | | | | | |
| | | | | | |
| | | | | | |
| | | | | | |
| | | | | | |
| | | | | | |
| | | | | | |
| | | | | | |
| | | | | | |
| | | | | | |
| | | | | | |
| | | | | | |
| | | | | | |
| | | | | | |
| | | | | | |

## Arbeitsblatt: Ich erarbeite mir Alternativgedanken 6

Nehmen Sie eine **Situation** aus Ihrem Ärgertagebuch und erarbeiten Sie mit Hilfe dieses Schemas Alternativgedanken:

| **Triggergedanken,** die meinen Ärger in der Situation anheizen | **Ärger-Denkfehler,** die den Gedanken unterliegen | **Alternativgedanken** |
|---|---|---|
| a. ______ | a. ______ | a. ______ |
| b. ______ | b. ______ | b. ______ |
| c. ______ | c. ______ | c. ______ |
| d. ______ | d. ______ | d. ______ |

**Hilfreiche Alternativgedanken**

______

______

______

______

## Arbeitsblatt: Ich löse mein Ärgerproblem 7

Nehmen Sie eine Situation aus Ihrem Ärgertagebuch, definieren Sie Ihren Ärger als **Problem** und erarbeiten Sie mit Hilfe der folgenden Schritte eine Lösung für Ihr Problem.

| **Schritte** | **Fragen/Handlungen** | **Ihr Beispiel** |
|---|---|---|
| *Problemdefinition* | Was belastet mich? | ________________<br>________________ |
| *Zieldefinition* | Was will ich? | ________________<br>________________ |
| Berücksichtigung von<br>a) *Alternativen* | Was kann ich tun? | ________________<br>________________ |
| b) *Konsequenzen* | Was könnte passieren? | ________________<br>________________ |
| *Treffen von Entscheidungen* | Wie entscheide ich mich? | ________________<br>________________ |
| *Evaluation* | Hat es geklappt? | ________________<br>________________ |

## Arbeitsblatt: Mein Ärgerbewältigungsplan **8**

**Ärger-Auslöser/Vorläufer**
Welche Ereignisse, Erinnerungen, oder Gefühle gingen dem Ärger voraus?

______________________________________________

______________________________________________

**Triggergedanken**
Welche den Ärger befeuernde Gedanken haben meinen Ärger mit hervorgerufen?

______________________________________________

______________________________________________

**Alternativgedanken**
Welche Alternativgedanken sind hilfreich?

______________________________________________

______________________________________________

**Entspannung**
Wie kann ich meine Entspannungsfertigkeiten in der Situation einsetzen?

______________________________________________

______________________________________________

**Kommunikation**
Was kann ich tun oder sagen, um die Kommunikation zu verbessern?

______________________________________________

______________________________________________

**Problemlösung**
Besteht eine Möglichkeit, das Problem auf eine andere Art zu lösen?

______________________________________________

______________________________________________

# Buchtipps

Georg H. Eifert / Matthew McKay / John P. Forsyth

## Mit Ärger und Wut umgehen

Der achtsame Weg in ein friedliches Leben mit der Akzeptanz- und Commitmenttherapie / ACT

2., überarb. Auflage 2013, 248 Seiten, € 22,95 / CHF 32.90
ISBN 978-3-456-85231-7
Auch als eBook erhältlich

Eine bahnbrechende Therapieform, die „Akzeptanz- und Commitmenttherapie (ACT)", wird Ihnen zeigen, dass es sinnlos ist, Ihre emotionalen Reaktionen wie Wut und Ärger zu unterdrücken, sondern dass Sie lernen können, sich diesen Gefühlen mit Verständnis und akzeptierender Achtsamkeit zuzuwenden.

Eberhardt Hofmann

## Erfolgreiches Stressmanagement

2013, 252 Seiten, Kleinformat, € 22,95 / CHF 32.90
ISBN 978-3-8017-2490-0
Auch als eBook erhältlich

Der Band vermittelt praktische Methoden zum erfolgreichen Stressmanagement. Er stellt wissenschaftlich untermauerte Techniken zur kurzfristigen Kontrolle des Stressgeschehens sowie zur langfristigen Bewältigung von Stress vor.

Theo Ijzermans / Coen Dirkx

## Wieder Ärger im Büro?

Mit Emotionen am Arbeitsplatz konstruktiv umgehen

2012, 74 Seiten, Kleinformat, € 14,95 / CHF 21.90
ISBN 978-3-8017-2472-6
Auch als eBook erhältlich

Auf der Basis des Rationalen Effektivitätstrainings (RET), das auf Albert Ellis zurückgeht, vermittelt das Buch anhand zahlreicher Beispiele aus dem Berufsalltag, wie mit negativen Gefühlen konstruktiv umgegangen werden kann.

www.hogrefe.com

hogrefe